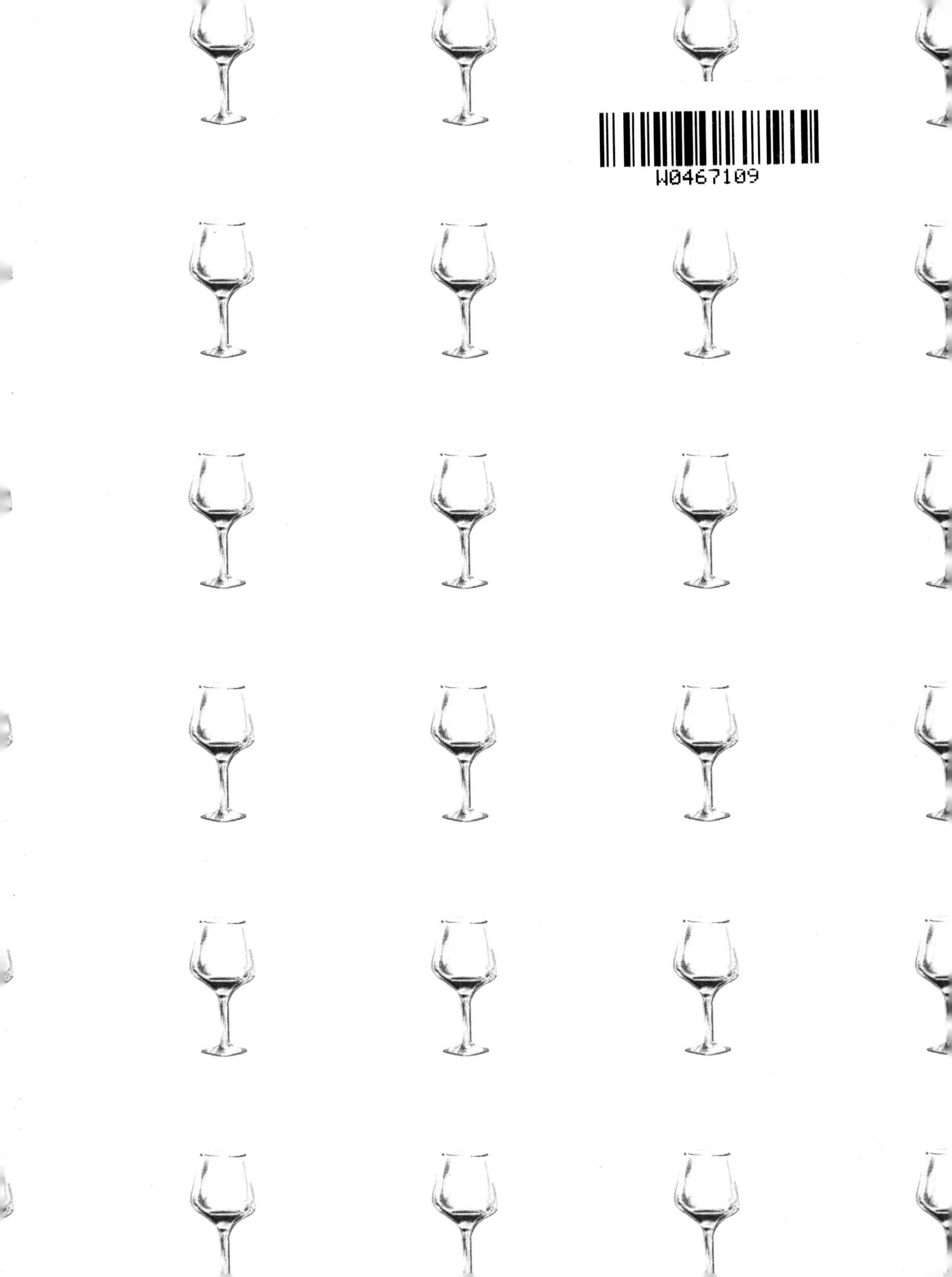

Cuites

60 recettes faciles pour
lendemains difficiles

Préface

Le lendemain matin… un sentiment universel. Le corps indolent, les idées brumeuses, la journée qui s'étire, paresseuse, devant nos yeux ensommeillés.

Le lendemain matin, c'est l'estomac qui se réveille en premier.

Avec une foudroyante envie de bacon croustillant, ou de pita moelleuse. Un désir irrépressible d'épices, de rouge, de feu, ou, au contraire, de la fraîcheur iodée d'une huître. Et surtout, une furieuse inclinaison à se laisser glisser, encore quelques heures, sur la pente du plaisir. Quoiqu'il en soit, le lendemain, tout est (encore) permis.

Dans ce livre vous ne trouverez pas de cure miracle à base d'œufs crus ou d'élixir magique aux antioxydants. Mais des recettes réconfortantes, gourmandes, revigorantes, généreuses, décadentes parfois, qui soignent le mal par le bon.

Cuites est un hommage à la fête, non à ses excès. C'est avant tout une invitation à se rassembler, toujours, même quand les lumière sont rallumées, que la tête est lourde et les voix éraillées.

Parce qu'il n'est pas de lendemain difficile qu'un repas entre amis ne puisse guérir.

Human Humans

Les chefs

Carina Soto Velasquez

Candelaria, Paris

Colombienne d'origine, Carina Soto Velasquez ne manque pas d'énergie pour tenir trois établissements avec son associé Joshua Fontaine. Leur collaboration *Quixotic Projects* est née de « conversations de comptoir, d'idées un peu loufoques et de l'envie de créer des synergies », en commençant par *Candelaria* en 2011 : un speakeasy caché derrière une taquería, classé chaque année parmi les meilleurs bars au monde. Quelques années plus tard, *Mary Celeste* et *Hero* viennent compléter ce podium de bars à délices et potions magiques.

Michelada | p.18

Armand Arnal ★

La Chassagnette, Arles

Montpelliérain d'origine, Armand Arnal commence son apprentissage chez *Fauchon* puis s'installe dans les cuisines new-yorkaises d'Alain Ducasse, Daniel Boulud et Éric Gonzalez. De retour à Paris, il gère l'ouverture des restaurants *Alain Ducasse* dans le monde entier, notamment aux États-Unis, en Australie, et au Maroc Mais sa vie bascule en 2006, lorsqu'il pose ses valises et ses couteaux à Arles pour reprendre en main *La Chassagnette*. Très vite récompensé par une étoile, il se démarque par un potager de deux hectares où il travaille ses propres terres. Cette proximité avec la nature est flagrante dans ses assiettes rythmées par les saisons, toujours saines et respectueuses de l'environnement.

Hot shot iodé | p.20

Harry Cummins

La Mercerie, Marseille

Harry Cummins a troqué le London Eye pour la Bonne Mère, et ses assiettes parlent avec un délicieux accent. Il traverse la Manche en 2011 pour cuisiner bilingue chez *Frenchie* avec Greg Marchand, et pâtisse quelques années plus tard à l'incroyable *El Celler* de Can Roca. Très vite se forme un trio avec Laura Vidal et Julia Mitton, pour bourlinguer dans le monde entier grâce à leur restaurant itinérant *The Paris Pop-up*. L'âge de raison sonne en 2016 avec leur premier pied-à-terre à Arles, *Chardon*, puis *La Mercerie* à Marseille, d'où ils semblent ne plus avoir envie de partir.

Quesadilla aux œufs brouillés | p.22

Charles Compagnon

Richer, Paris

Charles Compagnon est un passionné invétéré et touche-à-tout : restaurateur, sommelier, torréfacteur... C'est son propre café, Café Compagnon, qu'il sert dans ses adresses, ainsi que sa propre marque de bière, La Marise. Il tient deux restaurants à Paris : *Richer* et *52*, ouverts tous les jours de 8 heures à minuit. Aujourd'hui, il partage sa vie entre Paris et une maison de campagne à Courances, avec son épouse Gesa Hansen et leurs deux enfants.

Minestrone de poule aux épices | p.24

Yannig Samot

Mmmozza, Paris

D'une personnalité à la joie débordante, Yannig Samot est avant tout un comédien passionné de cuisine. Son amour de la popote lui a été transmis par son grand-père antillais et sa grand-mère bretonne, cuisinière dans de grandes maisons parisiennes. Au cours de sa carrière, ce « restauracteur » ouvre trois adresses à Paris (*La Famille*, *Chéri Bibi* et *Mmmozza*), histoire de toujours avoir une occasion de faire ripaille entre deux tournages.

Bouillon épicé pour un meilleur lendemain | p.26

Moko Hirayama et Omar Koreitem

Mokonuts, Paris

Moko Hirayama et Omar Koreitem se rencontrent à New York, ignorant qu'ils auraient un jour deux filles et deux restaurants. Lui, Libanais passionné de cuisine, travaille à la mairie ; elle, avocate d'origine japonaise, est férue de pâtisserie. Omar Koreitem décide alors de se lancer et décroche une place chez Daniel Boulud. La vie les emmène à Londres, où Moko Hirayama réalise un apprentissage chez *Ladurée*, puis intègre *Blé Sucré*, *Senderens* et *Yam'Tcha* lorsque le couple emménage à Paris. Ils décident finalement d'ouvrir *Mokonuts*, un charmant restaurant de quartier avec une cuisine familiale subtilement marquée par leurs origines. L'entrée au labneh et leurs cookies au chocolat ravissent aussi bien les locaux que les anglophones de passage, et le restaurant ne désemplit pas. 50 Best, prix Fooding d'Amour et articles dans le New York Times : ces cuisiniers fusionnels ne s'arrêtent pas là et ouvrent en 2019 un second établissement encore plus fou, *Mokoloko*.

Toast labneh | p.28

Michel Roth ★★

Président Wilson, Genève

Chef de renom au col tricolore, Michel Roth tient son amour pour la cuisine de sa mère et de sa grand-mère. Il débute dans des restaurants en Alsace, puis intègre les cuisines de *Ledoyen*, du *Ritz* et de *Lasserre*. Il retourne finalement place Vendôme et se voit attribuer deux étoiles en 2009, puis en reçoit une supplémentaire lorsqu'il devient chef du *Président Wilson* à Genève. Michel Roth ne manque pas de récompenses pour son travail, ayant reçu parmi les plus grands honneurs au monde : Meilleur Apprenti de France, Prix culinaire international Pierre Taittinger, Bocuse d'Or, Meilleur Ouvrier de France et Chevalier de l'ordre de la Légion d'honneur.

Croustillant d'œuf de poule, fricassée de champignons, artichauts et Cazette | p.30

Fanny Rey ★

L'Auberge de Saint-Rémy, Saint-Rémy-de-Provence

Après quelques premières expériences culinaires, Fanny Rey s'engage dans la Marine nationale à Brest. Top Chef catalyse son talent et elle ouvre *L'Auberge de Saint-Rémy* dans un ancien relais de poste des Bouches-du-Rhône. Fanny Rey y travaille avec son mari, Jonathan Wahid, chef pâtissier et Champion de France du Dessert. Une auberge familiale et chaleureuse, pour laquelle ils ont reçu leur première étoile en 2017.

Aïgo boulido | p.32

Alexandre Soyez

Au Verre Levé, Aix-en-Provence

Depuis une poignée d'années, le sommelier Alexandre Soyez navigue au *Verre Levé*, hybride enivré entre un caviste, un bar à vin et une cave à manger. Une ode aux vins sains et à la cuisine de comptoir, où il ne cesse de parler de sa passion et découvrir de nouvelles quilles. Ses vins préférés sont ceux qui expriment le mieux le terroir et le raisin, d'où son attachement à la biodynamie qui boude les additifs. Côté cuisine, il accueille quelques jours par mois des chefs plus ou moins jeunes, tels que Ferdinand Favrega, Numa Muller, Laetitia Visse ou Ella Aflalo.

L'andouille qui sauve | p.36

Matt Hiltemann

Martin Boire et Manger, Paris

Matt Hiltemann abandonne des études d'arts plastiques et délaisse son chevalet pour enfiler un tablier. Il commence en bas de l'échelle, sert des petits déjeuners matinaux aux banquiers de la City, et enchaîne les restaurants : la galerie *Saatchi*, l'étoilé *Texture*, le réputé *Quo Vadis*, jusqu'à devenir chef de cuisine du *Oldroyd*. À Paris, il rejoint *Martin Boire et Manger*, tenu par le vétéran d'*Au Passage* Loïc Martin. Avec des produits provenant dans la quasi-totalité de circuits courts (notamment de leur propre potager), Matt Hiltemann mitonne dans ce restaurant de quartier devenu le repaire des chefs à la nuit tombée.

Tattie scones | p.38

Esu Lee

C.A.M., Paris

Esu Lee naît à Ulsan, où sa mère tient un traditionnel Korean BBQ. Il y commence ses études avant de rejoindre Sydney pour intégrer Le Cordon Bleu et travailler dans des restaurants locaux. Esu Lee retrouve ensuite sa Corée natale pour son service militaire où il devient le cuisinier du général. Une escale à Hong Kong et chez *Passerini* à Paris, puis il ouvre *C.A.M.* avec le designer Phil Euell. Depuis, des histoires de visa le contraignent à retourner parfois en Corée où il en profite pour faire un détour par les temples bouddhistes : il y réapprend l'amour de la nature et la valeur des produits avec lesquels il travaille. Cet éveil spirituel et son passeport maintes fois tamponné transparaissent aujourd'hui dans ses assiettes...

Nouilles froides aux palourdes | p.40

Lise Kvan et Éric Montéléon

Le Saint Hubert, Saint-Saturnin-lès-Apt

Danoise d'origine, Lise Kvan hérite de ses grands-parents agriculteurs une profonde conviction pour les produits locaux et biologiques. Multidiplomée, elle travaille à l'*Astrance* et *Holybelly* après ses études, et rencontre son compagnon dans une école de cuisine. Fils d'une fantastique cuisinière, Éric Montéléon a également cela dans le sang : après quelques établissements étoilés, il parcourt le monde et enseigne son savoir-faire. Ensemble, ils donnent naissance à *Bon Fond* en 2018, un projet qui met en lumière l'origine et la diversité des produits du terroir. Depuis 2019, le couple mitonne au *Saint Hubert* en Provence, quand ils n'arpentent pas la France en camping-car pour rencontrer les meilleurs producteurs.

Soupe provençale au pistou | p.42

Sarah Mouchot

Holybelly, Paris

En 2010, Sarah Mouchot cuisine la tête en bas lors d'un séjour en Australie avec son compagnon Nico Alary. Ce dernier se découvre une passion pour le café à Melbourne, pendant qu'elle arpente le registre du petit déjeuner à l'anglo-saxonne. *Holybelly* est né d'un manque, celui d'une cuisine matinale de saison faite maison conjuguée avec du bon café. En 2013, ils ouvrent leur premier restaurant ensemble : elle aux fourneaux, lui derrière le bar et à l'accueil. Le succès de *Holybelly* est immédiat, avec une queue à n'en plus finir pour les pancakes, eggs and sides et jolis plats du jour cuisinés avec amour.

Toast des lendemains | p.44

Marc Grossman

Bob's Bake Shop, Paris

Marc Grossman attrape sa première fourchette à New York, au cœur d'une famille d'immigrés biélorusses et ukrainiens. Pour se lancer dans le cinéma, il préfère les bibliothèques de Harvard aux palmiers de Hollywood, et finit par poser ses valises à Paris. Très vite, il troque scénario contre tablier et ouvre sa première cantine green : *Bob's Juice Bar*. Il fonde ensuite *Bob's Bake Shop* et *Bob's Café*, jusqu'à devenir la référence parisienne du « healthy deli ».

Chicken soup | p.46

Alexandre Arnal

Paris

Alexandre Arnal fait ses débuts gastronomiques à Arles, voyant les choses en grand dans un restaurant miniature : *L'Ouvre-Boîte*. Ce cuisinier globe-trotter est toujours à la recherche d'inspiration, notamment grâce aux producteurs qu'il rencontre au gré de ses voyages. Il monte plusieurs projets avec son ami d'enfance et associé, Jonathan Ouanounou, DJ et créateur du label Monstart. C'est ce même duo de choc qui ouvre *Takaramono*, inspiré des expériences d'Alexandre Arnal en terres japonaises, puis *Chez Jeanne*, avec l'influente Jeanne Damas.

Poulet pané aux Corn Flakes | p.48

Alexia Duchêne

Paris

Authentique franco-britonne, Alexia Duchêne a la bougeotte : CAP et BTS en poche, elle réalise une alternance chez *Taillevent*, puis travaille chez *Frenchie* à Paris, *Claridge's* à Londres, *Studio* à Copenhague, jusqu'à suivre l'itinérant *Paris Pop-up* à Cannes et Arles, avant de rentrer à Paname chez *Passerini*. Devenue demi-finaliste de Top Chef, à son tour de mener la danse - et ce sera chez *Fulgurances*. Cette jeune chef intrépide termine son grand chelem lorsqu'elle organise l'ouverture de *Datsha*, signe un livre de recettes et projette plusieurs résidences en France et à l'étranger.

Halloumuffin | p.50

Sylvestre Wahid

Sylvestre Wahid, Courchevel

À 15 ans, Sylvestre Wahid aide son père au mess des officiers à Castelnaudary, où il se découvre un amour pour les produits du terroir. Au *Cheval Blanc*, sa rencontre avec Thierry Marx marque son adoubement dans le monde de la haute gastronomie. Le second chef qui rythme son ascension culinaire est Alain Ducasse : ce dernier le prend sous son aile à Paris, puis New York. *L'Oustau de Baumanière* et *Strato* viennent parfaire le pedigree de Sylvestre Wahid, avant qu'il ne reprenne les rênes de la brasserie *Thoumieux* et de son restaurant doublement étoilé. Depuis 2020, il fait le pari de la liberté en cuisinant au fil des saisons - Courchevel l'hiver, en Provence l'été.

Bouillon bonheur | p.52

Cyril Bordarier et Thomas Vicente

Le Verre Volé, Paris

Cyril Bordarier et Thomas Vicente, restaurateurs-cavistes passionnés, ont plus d'une quille dans leur sac. Incroyablement précurseur, ce duo biodynamique ouvre dès 2000 *Le Verre Volé* avec des petites assiettes à partager et du vin nature en quantité. Deux ans plus tard, c'est au tour de *La Cave du Verre Volé*, puis une décennie pour *L'Épicerie du Verre Volé*, qui propose une variété de produits frais choisis avec soin… et un sacré flair.

Clamato aux huîtres minute, concombre et chips de pommes de terre | p.54

Florent Ciccoli

Café du Coin, Paris

Bon Corse et bon vivant, Florent Ciccoli gère dès ses 25 ans un bar montmartrois et se lie d'amitié avec ses six futurs associés des *Caves Populaires*. Ils ouvrent douze établissements en dix ans, des lieux dynamiques, conviviaux et propices à faire la fête. Après les fameux *Pères Populaires*, *Au Passage*, et *Bones*, il vole en solo avec *Jones*, puis c'est au tour de *Café du Coin* en collaboration avec Greg Back. Mais Florent Ciccoli ne s'arrête jamais de galoper : en 2019, il reprend *Cheval d'Or*, une pépite 24 carats du XIXe arrondissement.

Toast de soubressade, haddock fumé et oseille | p.56

Greg Marchand ★

Frenchie, Paris

Comme une prémonition, Greg Marchand commence sa carrière aux côtés de grands chefs passionnés par l'étranger. C'est dans la cuisine de Jamie Oliver qu'il dégotte le surnom « Frenchie » derrière les fourneaux du restaurant *Fifteen* à Londres. Après quelques détours en Espagne, à Hong Kong et à New York, il ouvre *Frenchie* dans une petite allée - désormais devenue la mythique rue du Nil. Greg Marchand obtient le prix Fooding du Meilleur Cuisinier en 2010, puis sa première étoile Michelin en 2019. Entre temps, il retourne outre-Manche pour ouvrir un second *Frenchie* à Londres, là où tout a commencé.

Bacon and egg muffin | p.58

Éric Briffard

Institut Le Cordon Bleu, Paris

Sacré Meilleur Ouvrier de France en 1994, Éric Briffard arbore fièrement son col tricolore. Avant de devenir le chef exécutif de la prestigieuse école Institut Le Cordon Bleu à Paris, il enchaîne les cuisines étoilées sous les encouragements de son mentor Joël Robuchon, et en décroche de nouvelles à plusieurs reprises au *Plaza Athénée* puis au *George V*. Le titre de MOF n'étant pas suffisant pour récompenser son illustre parcours, Éric Briffard est également décoré de la médaille Grand Vermeil de la ville de Paris, Chevalier de l'ordre du Mérite Agricole, et Chevalier de l'ordre des Arts et des Lettres.

Bouillon détox | p.60

Aaron Rosenthal

Paris

Formé au fameux Culinary Institute of America à New York, Aaron Rosenthal commence sa carrière chez Barbara Lynch. C'est dans la petite bourgade de La Madelaine-sous-Montreuil qu'il atterrit pour la première fois en France, aux côtés de l'immense Alexandre Gauthier. Il fait un saut de grenouille jusqu'à chez *Septime*, devient chef de *Clamato* puis embarque parmi l'équipe d'ouverture de *D'une Île* lorsque Bertrand Grébaut et Théo Pourriat reprennent cette maison d'hôtes percheronne. Virage à 180°C pour Aaron Rosenthal qui ouvre ensuite *Adar* avec Tamir Nahmias et Tiphaine Bailly, avant de voguer vers d'autres aventures...

Pâtes à la carbonara | p.62

Edward Delling-Williams

Le Grand Bain, Paris

Edward Delling-Williams fait ses armes au mythique *St. John*, le berceau du mouvement « nose-to-tail » avec Fergus Henderson comme figure de proue. Après un séjour remarqué et applaudi au restaurant *Au Passage*, il ouvre *Le Grand Bain* en 2012 dans une petite rue pavée de Belleville. Quelques années plus tard, il crée une boulangerie artisanale à deux pas, *Le Petit Grain*, et offre désormais des miches parfaites pour saucer le jus de sa divine épaule d'agneau.

Okonomiyaki | p.66

Ciro Cristiano

Big Mamma, Paris

Originaire de Naples, Ciro Cristiano travaille depuis ses 16 ans dans la pâtisserie familiale aux côtés son père. Après un passage en école hôtelière, il s'installe à Paris aux fourneaux de l'*Hôtel Lotti*. En 2014, il intègre l'aventure *Big Mamma* sans deviner le succès qui l'attend : un blockbuster qui met à l'honneur les plats italiens traditionnels à des prix imbattables, et ne désemplit pas.

Parmigiana | p.68

Apollonia Poilâne

Poilâne, Paris

Apollonia Poilâne, troisième génération de boulangers éponymes, est l'une des rares femmes à s'imposer dans l'univers de la boulangerie. Elle est la petite-fille de Pierre Poilâne, qui ouvre en 1932 la boulangerie du 8 rue du Cherche-Midi, aujourd'hui encore centre névralgique d'une maison à la notoriété internationale. Son père Lionel développe l'entreprise tant en France qu'à l'étranger, et dès le berceau (le sien était un panier à pain !), Apollonia Poilâne apprend à sentir le pain, étudier le levain, façonner la pâte, cuire au feu de bois... Depuis 2002 elle est à la tête de la maison *Poilâne*, et conjugue passé et présent en nourrissant les levains de demain. Avec six boutiques et deux restaurants, en plus de leur savoir-faire inépuisable, elle résume ainsi ses convictions : « contemporains par tradition, c'est ce que nous sommes ».

Riz sauce poivron vanillé | p.70

Giovanni Passerini

Passerini, Paris

Giovanni Passerini décide un jour de quitter sa belle Rome natale pour les cuisines d'Alain Passard et d'Iñaki Aizpitarte. Mais c'est à *La Gazzetta* qu'il trouve son épiphanie culinaire aux côtés de Petter Nilsson. En 2010 il ouvre *Rino*, qui donnera naissance à une tripotée de chefs stars de la nouvelle génération : Simone Tondo, Jeremiah Stone... Six ans plus tard, Giovanni Passerini ouvre son restaurant éponyme et reçoit le prix Fooding du Meilleur Chef de l'année. À deux pas, le *Pastificio Passerini* propose des pâtes fraîches artisanales à cuisiner chez soi, et réconforte tous ceux qui n'auraient pas réussi à obtenir une table chez *Passerini*.

Spaghetti di mezzanotte | p.72

Léa Fleuriot

Le Cadoret, Paris

Léa Fleuriot s'oriente un temps vers l'histoire de l'art mais retrouve vite le droit chemin de sa réelle passion, la cuisine. Elle crée tout d'abord sa boutique de sandwichs *Du Bout des Doigts* avec l'aide de son frère Louis-Marie : menuisier de profession, il construit le lieu lui-même. Quelques années plus tard, ils ouvrent ensemble le restaurant *Le Cadoret* dans le XIXe arrondissement, elle en cuisine et lui en salle.

Cordon bleu, purée, piment | p.74

Ella Aflalo

Yima, Marseille

Passée devant les caméras de Top Chef, Ella Aflalo ouvre son premier restaurant lorsqu'elle a à peine 25 ans, baptisé *Yima* - un mot-valise inspiré de « yema » en arabe et « ima » en hébreu - qui signifie « maman ». Ce sont les femmes de sa famille qui lui ont transmis son amour pour la cuisine, et Ella Aflalo a fait le choix de s'installer à Noailles, un quartier populaire de Marseille, pour conserver ce mélange de cultures.

Spicy egg pita sandwich | p.76

Jody Williams

Buvette, Paris

Véritable self-made woman, Jody Williams commence par étudier l'histoire avant de passer en cuisine. Pourtant sans formation préalable, elle postule au culot dans les meilleurs enseignes. Qui ne tente rien n'a rien ! À 47 ans, elle ouvre sa première *Buvette* à New York, dans le West Village - une cuisine francophile à la bonne franquette, teintée d'une certaine liberté américaine. Jody Williams reproduit la même équation à Paris quelques années plus tard… Son sophistroquet à la double nationalité trône désormais à deux pas de la place Pigalle.

CR'Q | p.78

Julien Cohen

Les Cailloux, Paris

Dès le berceau, Julien Cohen mange à sa faim - en parallèle de ses grandioses magasins Bonpoint et Merci, sa mère mitonne sans cesse et lui donne le goût de l'hospitalité. Il se prend de passion pour la cuisine transalpine, un amour que l'on retrouve dans ses nombreux restaurants : *Les Cailloux*, *Pizza Chic*, *Altro*, *Professore* et *Grazie*. Dans cette famille si soudée, son épouse Stéphanie et sa mère Marie-France décorent les restaurants de Julien Cohen, s'inspirant des traditions italiennes ainsi que des bistrots typiquement parisiens.

Linguine cacio e pepe | p.80

Simone Tondo

Racines, Paris

Chef sarde et précoce, Simone Tondo se rapproche petit à petit de Paris en passant par *Cracco* à Milan et *Mirazur* à Menton. Giovanni Passerini le repère lors de vacances au pays et lui propose d'être son second chez *Rino*, mythe fondateur de la bistronomitalienne. Il bifurque vers le marché d'Aligre pour Petter Nilsson à *La Gazzetta*, et c'est enfin le sacre de *Roseval* - du haut de ses 23 ans, il reçoit le prix Fooding de la Meilleure Table. Quelques années plus tard, *Racines* apaise sa fougue et nourrit son immense talent : il reçoit éloges et récompenses dans cette petite bistrattoria du passage des Panoramas.

Bifana | p.82

Kristin Frederick

GreenHouse, Paris

Bien avant de conduire le camion le plus cool de France, Kristin Frederick grandit en Californie. Elle passe par de grandes maisons de cuisine à Los Angeles et à Paris, puis ouvre le premier food truck de l'Hexagone, en bonne pionnière américaine. On compte aujourd'hui trois restaurants (dont le végétal *GreenHouse*, qui met en valeur les petits producteurs bio) et trois food trucks *Le Camion qui Fume* : elle est à l'origine d'une mode qui n'est pas prête de s'arrêter de rouler.

Fried egg noodles | p.84

Juan Arbelaez

Plantxa, Boulogne-Billancourt

Après avoir grandi à Bogota, Juan Arbelaez aiguise ses couteaux chez Pierre Gagnaire, Éric Briffard et Éric Frechon. Top Chef le propulse sur le devant de la « cène », il ouvre ensuite *Plantxa*, *Froufrou*, *Levain*, *Yaya* ainsi que *Vida* avec sa compagne Laury Thilleman. Tempérament hyperactif et bonne humeur débordante, Juan Arbelaez est aujourd'hui la co-star de l'émission Cuisine Impossible.

Burger pampa | p.86

Julien Duboué

Boulom, Paris

Originaire des Landes, Julien Duboué commence sa carrière parisienne au *Carré des Feuillants* et au *George V*. Il s'exporte à New York chez Daniel Boulud, et devient sous-chef puis chef du restaurant *Drouant*. Cet ambassadeur de la cuisine du sud-ouest décide de participer à Top Chef pour offrir à sa mère sa maison d'hôtes tant rêvée, et possède aujourd'hui Boulom à deux pas de Montmartre.

Pâtes au ketchup basque | p.90

Jérémie Kanza

Balls, Paris

Jérémie Kanza pioche dans ses souvenirs d'enfance pour ouvrir *Balls*, un restaurant spécialisé dans les boulettes de toutes sortes : avec viande, sans viande, inspirées des origines turques de sa grand-mère, ou des boulettes découvertes au fil des escapades à l'étranger. Un plat régressif qui ne nécessite pas de passeport pour être avalé tout rond !

Meatball sub | p.92

Éric Ospital

Louis Ospital, Hasparren

Éric Ospital est un pur produit du Pays basque : dès son jeune âge, il apprend tout de son père Louis Ospital, charcutier lauréat de deux palmes d'or pour son jambon cuit supérieur maison. Il utilise la totalité du cochon pour élaborer ses produits, et fournit de nombreux restaurants de la région parisienne en jambon affiné à l'air libre. Les cochons d'Éric Ospital sont nés, élevés et abattus dans le seul périmètre du Pays basque, de manière équitable, avec une alimentation saine aux céréales, sans OGM et sans antibiotique - tout cela dès 1985, dans le plus grand respect des traditions cochonnes.

Hampe de porc au barbecue, sauce cochon | p.94

Sokunthear Vong

Aux Deux Amis, Paris

Après un master d'économie, Sokunthear Vong (Sok, pour les intimes) monte un label de musique avec ses amis : Cracki Records. Un succès fulgurant, mais qui ne l'empêche pas de partir en Australie où il entre dans le monde culinaire en tant que serveur. C'est en Angleterre qu'il passe de la salle en cuisine, notamment celles de *Carousel* et *Leroy*. En 2019, Sokunthear Vong se décide à rentrer à Paris et reprend les fourneaux du restaurant *Aux Deux Amis*. Dans ce bistrot de poche, il dépote tout seul (accompagné d'un plongeur) des popotes qui font monter les décibels.

Moules thaï-rish | p.96

Bertrand Auboyneau

Bistrot Paul Bert, Paris

Bertrand Auboyneau règne en empereur sur la rue la plus bistrotière de Paname : il est le patron et restaurateur du *6 Paul Bert*, *La Cave du Paul Bert*, *Bistrot Paul Bert*, et *L'Écailler du Bistrot*, respectivement aux numéros 6, 16, 18 et 22 de la rue du même nom. Il accueille ses clients en personne et va de table en table pour saluer les convives, prouvant qu'il reste digne du prix Fooding de la Meilleure Rue, reçu dès 2007.

Omelette à la truffe | p.98

Giuseppe Messina

Pane e Olio, Paris

Giuseppe Messina tombe tout petit dans la marmite à pasta. Originaire de Cefalù, il assume le cliché du bambino toujours fourré en cuisine dans les jupes de sa nonna. Il débarque à Paris à 18 ans, pour rejoindre son frère Ignazio et ouvrir une trattoria. Giuseppe Messina fait ensuite cavalier seul avec *Non Solo Cucina*, *Non Solo Pizze* et plus récemment *Pane e Olio*, où il propose les recettes de son enfance, la cuisine sicilienne des familles que l'on partage chaque dimanche.

Pasta aglio e peperoncino | p.100

Sonia Guerrero

Echo Deli, Paris

Ancienne de *Frenchie* et New-Yorkaise d'adoption, Sonia Guerrero débute l'aventure *Echo Deli* en tant que sous-chef mais devient aussitôt chef. C'est un café aux airs de Californie qui rend hommage à des institutions telles que *Sqirl* et *Gjusta*, où l'on se retrouve du matin au soir. Dans sa cuisine, tout est fait maison, des cornichons aux confitures, des fromages au pain, en mélangeant les produits locaux avec un garde-manger international.

Veggie chili et cornbread | p.102

Ludo Lefebvre

Petit Trois, Los Angeles

Formé par Marc Meneau, Pierre Gagnaire et Alain Passard, Ludo Lefebvre quitte la France il y a vingt ans pour cuisiner à *L'Orangerie* et *Bastide*, deux établissements réputés à Los Angeles. Il crée le concept de pop-up en 2007, allant jusqu'à faire court-circuiter le site OpenTable tant les clients demandaient des réservations. Il ouvre *Trois Mec* avec Jon Shook et Vinny Dotolo, et obtient une étoile lors de la nouvelle édition du Guide Michelin californien. Son bistrot *Petit Trois*, ode à la France, ravit tous les locaux et touristes de midi à minuit. À juste titre, Ludo Lefebvre se voit attribuer en 2015 la médaille de Chevalier de l'ordre des Arts et des Lettres pour sa contribution au rayonnement de la gastronomie française.

Double-decker potato tacos | p.106

Thomas Chevrier

L'Orillon Bar, Paris

Thomas Chevrier est l'un des pères fondateurs de l'ancienne bande des *Pères Populaires*, et le chef de *L'Orillon Bar* en plein cœur de Belleville. C'est une cantine de quartier conviviale et chaleureuse, qui respire l'authenticité avec sa cuisine ouverte et sa vaisselle dépareillée.

Pâtes au butternut et aux huîtres | p.108

Bertrand Larcher ★

La Table Breizh Café, Cancale

Né dans une ferme bretonne, Bertrand Larcher a vite développé une passion dévorante pour le Japon. Il se forme au lycée hôtelier de Dinard puis s'installe à Tokyo où il s'imprègne de la culture et ouvre en 1996 sa première crêperie, *Le Bretagne*. Les galettes et le cidre ravissent au Japon et Bertrand Larcher bâtit petit à petit son empire de sarrasin. Puis il rejoint la France avec les établissements *Breizh Café* à Cancale, Paris et Saint-Malo, ainsi que *La Table Breizh Café*, brillant d'une étoile Michelin. Récemment, ce passionné est même allé jusqu'à demander l'ajout de la galette bretonne au patrimoine immatériel de l'Unesco.

Galette complète oignons | p.110

Numa Muller

Arles

Né au cœur de Arles, Numa Muller quitte un temps sa Camargue pour goûter à l'étranger : deux années de formation à Londres, puis un passage chez Christian Têtedoie et Nicolas Le Bec, et il retourne enfin au bercail pour rejoindre Armand Arnal à *La Chassagnette*. Il crée ensuite le pop-up *Appartement K* à Los Angeles et Amsterdam, où il ouvre son propre établissement. Ce dernier n'aura d'autre nom que *Arles*, en hommage à ses racines et sa grand-mère qui lui a légué sa passion pour la cuisine. Numa Muller enchaîne désormais les projets itinérants, et mûrit déjà l'idée de son prochain restaurant...

Naan et poulet au curry | p.112

Yannick Tranchant

L'Escargot 1903, Puteaux

Yannick Tranchant découvre l'univers de la cuisine dès son plus jeune âge : à 10 ans, il fait déjà la plonge. L'atmosphère qu'il découvre le fascine, et lui ouvre l'appétit pour une carrière toute tracée. Roissy et l'Irlande l'accueillent un temps dans leurs cuisines, mais c'est à *La Grande Cascade* qu'il devient sous-chef puis chef. Il y fait la rencontre de Beatriz Gonzalez, avec qui il se lance dans une nouvelle aventure intitulée *Neva Cuisine* : elle au salé, lui au sucré. Yannick Tranchant reprend en 2018 *L'Escargot 1903*, son nouveau projet personnel qui lui tient tant à cœur.

Œufs brouillés-Comté | p.114

Marc Cordonnier

Gare au Gorille, Paris

Marc Cordonnier possède un curriculum culinaire sans égal, un territoire plein d'étoiles qu'il sillonne au gré de passages dans les cuisines de *L'Arpège, Septime, Garance*... À 28 ans, il commence une nouvelle aventure avec son ami sommelier Louis Langevin, et ils ouvrent ensemble leur premier bistrot d'auteur. Baptisé en hommage à Georges Brassens, *Gare au Gorille* réveille la rue des Dames, un quartier qui avait jusqu'alors un peu perdu l'appétit.

Penne boulettes et burrata | p.116

Laurent Favre-Mot

Rustic is the New Chic, Dinan

Enfant de la cité phocéenne, Laurent Favre-Mot a un parcours atypique : il commence par la plonge, devient chef puis finit pâtissier. Parfait autodidacte, il débute son apprentissage à 13 ans et travaille à Paris, en Suisse, en Italie, à Londres et retourne finalement à Marseille. Il y ouvre ses *Comptoir* et *Comptoir à Gâteaux* avant de foncer à Dinan au volant d'un food truck. Tatoué et barbu, il aide à décoincer l'image de la pâtisserie, jusqu'alors beaucoup plus collet monté que celle de la cuisine.

Croque-monsieur | p.118

Christopher Hache ★

Maison Hache, Eygalières

Fils de cuisinier, Christopher Hache commence sa carrière au triplement étoilé *Lucas Carton*. S'ensuivent le *Bristol* et *La Grande Cascade*, mais c'est en 2009 que son aventure commence à l'*Hôtel de Crillon*. Il y prend la relève de Jean-François Piège au restaurant *Les Ambassadeurs* et décroche une étoile pour *L'Écrin*. Après une décennie de palaces et un tour du monde, il tombe sous le charme du village d'Eygalières et décide de s'y installer en famille pour ouvrir la *Maison Hache*. Dans ce restaurant-chambres d'hôtes, Christopher Hache et son épouse proposent une cuisine conviviale qui met en valeur le terroir provençal, et leur a valu une première étoile en 2020.

Les petits farcis de ma grand-mère | p.120

Moïse Sfez

Homer Lobster, Paris

Moïse Sfez imagine son *Homer Lobster* lors d'un projet étudiant à l'Institut Vatel, mais continue de le perfectionner en passant par les cuisines du *Peninsula*, du *Dorchester*, du *Meurice* ou encore du *Roch*. En 2017, il ouvre son lobster bar ainsi qu'un pop-up au *Royal Monceau*, et reçoit un an plus tard le prix du jury au Championnat du Monde de Lobster Roll. De Portland à Paname, tout le monde en pince pour les homards de Moïse Sfez.

Beef BBQ roll | p.124

Le Cheng

Trois Fois Plus de Piment, Paris

Originaire du Sichuan, Le Cheng décoiffe le Marais avec des plats aux épices de sa terre natale. Avec ses restaurants *Deux*, *Trois*, et *Cinq Fois Plus de Piment*, il teste la résistance des clients en leur laissant le choix d'intensité entre 0 et 5... sachant que le niveau 2 en a déjà fait pleurer plus d'un ! Primé Meilleures Nouilles par le Guide Fooding, ce chef surnommé Monsieur Cheng n'a pas fini de réchauffer Paris.

Nouilles sautées aux légumes et au bœuf | p.126

Simon Lewis

Los Angeles

Simon Lewis enfile sa toute première toque dans un restaurant doublement étoilé, rien de moins : *The Hand* and *Flowers*, en Angleterre. Après quelques années à l'étranger, il s'installe à Paris aux fourneaux de *Spring*, le restaurant du chef américain Daniel Rose. Puis il travaille aux côtés de Greg Marchand chez *Frenchie* rue du Nil. En 2014, il ouvre *Flesh*, le premier restaurant parisien qui s'encanaille avec le barbecue. Succès imminent, Simon Lewis en ouvre un second en 2016. Récemment, il décide d'honorer son savoir-faire français dans sa ville natale, Los Angeles.

Smash burger | p.128

Delphine Plisson

Le Petit Plisson, Paris

Delphine Plisson est à ses débuts plus jupon que tablier, travaillant chez Agnès B., Saint Laurent ou Claudie Pierlot . Elle crée le food hall de ses rêves sur 500 m2 dans le Marais, et sélectionne des produits haute-couture à travers le pays. Boucherie, charcuterie, boulangerie, fromagerie, caviste, épicerie... avec deux *Maison Plisson* et un *Petit Plisson*, Delphine Plisson offre désormais un défilé du bien-manger avec les meilleurs artisans français.

Gratin dauphinois | p.130

Nicolas Paciello

Fouquet's, Paris

Grand gourmand, Nicolas Paciello apprécie la justesse de la simplicité. Après son CAP, il perfectionne ses éclairs chez *Fauchon*, sous les ordres de Christophe Adam. *Le Crillon*, la *Pâtisserie Cyril Lignac*, le *Prince de Galles* avec Yann Couvreur et *La Réserve*... ses expériences lui permettent de construire son goût autour d'un équilibre de saveurs. Nicolas Paciello devient en 2019 le chef pâtissier du *Fouquet's*, en parallèle de sa propre pâtisserie *CinqSens*, où la gourmandise n'est jamais un vilain défaut.

Cookies aux deux chocolats et noix de pécan | p.134

Angèle Ferreux-Maeght

La Guinguette d'Angèle, Paris

Naturopathe de formation, Angèle Ferreux-Maeght transmet son enthousiasme contagieux pour les aliments qui font du bien au corps. Désormais à la tête d'un traiteur healthy, elle s'inspire des recettes californiennes et australiennes : des modes de vie sains, green, détox, sans gluten... À *La Guinguette d'Angèle*, elle choisit avec soin ses produits issus de l'agriculture biologique française, et toujours de saison.

Pink smoothie bowl de la muerte | p.138

François Daubinet

Fauchon, Paris

François Daubinet écrème d'abord les grandes maisons telles que l'*Hôtel de Crillon*, le *Plaza Athénée* et, après un petit tour à New York, aide à la mise en place de la Michalak Masterclass. En 2015, il intègre les cuisines de *Taillevent* où il se démarque en tant que pâtissier : son talent est très vite reconnu. Aujourd'hui, il partage son savoir-faire et sa créativité chez *Fauchon*, où il est chef exécutif. Passionné d'art contemporain, ce trublion de la pâtisserie insuffle un vent de liberté et d'innovation dans leur offre sucrée depuis 2017.

Retour de Normandie | p.140

Gontran Cherrier

Gontran Cherrier, Paris

Boulangers de père et fils, Gontran Cherrier incarne la quatrième génération de sa lignée familiale. Diplômé Maître Boulanger aux Grands Moulins de Paris, il s'immisce dans la cour des grands à *L'Arpège* et *Lucas Carton* après une formation à l'école Ferrandi. Mais son but reste d'inculquer la valeur du partage inhérente au pain : dans un désir de transmission, il devient formateur à l'École de Boulangerie de Paris et écrit des livres de recettes. 2010 sonne le début de l'empire *Gontran Cherrier* avec une première boutique à Paris, suivie d'une cinquantaine à travers le monde.

Fruits du réconfort au four | p.142

Cathy Closier

Season, Paris

C'est une série de coïncidences qui donne à l'intrépide Cathy Closier son rôle de marionnettiste du succès de *Season*. Elle étudie la mode, sert des cafés pour arrondir les fins de mois, devient instantanément manager et s'installe à New York après un chagrin d'amour. Elle ouvre, ferme, ouvre, ferme et ouvre encore plusieurs cafés avec ses associés de l'*Indiana*, mais réalise que son aventure l'attend ailleurs. En 2015, elle donne vie à *Season*, puis *Season Take Away*, *By Season* et *Season Market* qui réussissent mieux les uns que les autres. Les lieux de Cathy Closier sont empreints de toutes ses vies précédentes, notamment la carte qui fait écho aux faims new-yorkaises.

Pancakes au caramel | p.144

Philippe Conticini

Maison Philippe Conticini, Paris

Philippe Conticini est un chef de cuisine et pâtissier que l'on ne présente plus. Distingué tant pour ses travaux sucrés que salés, il est à l'origine de nombreuses innovations qui ont transformé la scène culinaire internationale - notamment le principe des verrines en 1994, qui transposent verticalement et en transparence des mets traditionnellement servis à plat. Reconnu par ses pairs comme l'un des fondateurs de la pâtisserie moderne, il propose ses créations dans sa *Maison Philippe Conticini* à Paris, Londres et Tokyo. De la pâtisserie à la viennoiserie et la boulangerie, le mot d'ordre est simple : générer de l'émotion avec des produits artisanaux de qualité.

Tarte du lendemain | p.148

Frédérique Jules

Maison Philippe Conticini, Paris

Ancienne kinésithérapeute spécialisée en diététique sportive, c'est peut-être son intolérance au gluten et au lactose qui incite Frédérique Jules à ouvrir son premier *Noglu* dans le passage des Panoramas à Paris. Passionnée par l'Amérique d'est en ouest, elle découvre lors d'un séjour en Californie la variété des alternatives gourmandes adaptées à ses restrictions alimentaires. Frédérique Jules redéfinit alors la cuisine « sans » : manger gluten-free ou lactose-free n'enlève aucun plaisir, et n'est plus considéré comme une punition. Le succès de *Noglu* lui permet de retourner souvent aux États-Unis, puisqu'elle tient désormais plusieurs établissements entre New York et Paris.

Smoothie vert | p.150

Michelada

Carina Soto Velasquez   Candeleria, Paris

Lorsque je me réveille comme un zombie après avoir fait trop de mélanges ou ne pas avoir assez mangé, je n'ai qu'une envie : ingurgiter quelque chose de salé et qui puisse m'hydrater. Le meilleur cocktail pour la gueule de bois est une michelada, une préparation typiquement mexicaine (d'autres pays en font aussi mais, selon moi, la meilleure est la mexicaine). À Candelaria, nous avons une version avec ou sans alcool. Pour les réveils difficiles, ce cocktail à la bière à la fois salé et épicé me fait revivre !

---

5 min
Pour 2 personnes

2 bières légères en alcool
2 citrons vert
Glaçons
Sel fumé

Michelada mix
15 ml de Worcestershire sauce
15 ml de sauce noire Maggi
45 ml de sauce pimentée

Mélangez tous les ingrédients pour faire le michelada mix. On utilise de la sauce pimentée faite maison à Candelaria, sinon la sauce Valentina douce convient parfaitement.

Givrez les deux verres à bière avec du sel fumé. Dans chaque verre, versez 30 ml de michelada mix, le jus d'un citron vert, des glaçons et finissez avec la bière (type Lager ou Pilsner). Avec des tacos, c'est le duo parfait pour un lendemain difficile.

Hot shot iodé

Armand Arnal — La Chassagnette, Arles

J'ai découvert la recette des shots dans les bars à jus de Tel-Aviv. Je vous assure, c'est plus puissant que dix tasses de café serré ! La première fois que j'ai fait le mélange des deux, c'était avec des violets : des coquillages sauvages que l'on trouve sur les rochers ou même sur les piques des parcs à huîtres. C'est un coquillage mou qui a la forme d'une patate, extrêmement iodé, à chair jaune vif. Par la suite, je l'ai reproduite avec des huîtres ! Une recette idéale après une soirée arrosée au mezcal, où après avoir chanté tout son répertoire de chansons mexicaines (le plus souvent limité au célèbre Mexico Mexico de Luis Mariano), on recherche dans notre arbre généalogique des origines inca !

10 min
Pour 4 personnes

24 belles huîtres
4 citrons
40 g de gingembre
20 g de curcuma frais
1 trait d'huile de piment
1 trait d'huile d'olive
Poivre du moulin
Pain de campagne au levain *(facultatif)*
Beurre demi-sel *(facultatif)*

Passez à la centrifugeuse les ingrédients dans l'ordre suivant : curcuma, gingembre et les citrons préalablement pelés. Versez le jus dans des verres à shot. Ajoutez un tour de moulin à poivre dans chaque verre, quelques gouttes d'huile de piment et d'huile d'olive.

Ouvrez les huîtres avec soin (je privilégie celles de Camargue qui sont bien iodées). Sur un plateau avec de la glace pilée, disposez harmonieusement les huîtres et les verres à shot. Pour déguster, alternez huîtres et shots.

Un conseil : accompagnez de tranches de pain de campagne au levain avec du beurre demi-sel. Facultatif mais fortement recommandé !

Quesadilla aux oeufs brouillés

Harry Cummins   La Mercerie, Marseille

Lorsque j'étais en vacances avec ma famille aux États-Unis, j'ai fait une grosse soirée avec mes cousins américains pour rattraper le temps perdu, en buvant un peu trop. Le lendemain matin n'a pas été facile, il n'y avait pas grand-chose à manger dans la maison que nous avions louée, seulement nos petits achats de la veille. En pleine gueule de bois, j'ai décidé de me faire une sorte de quesadilla pour le petit déjeuner, pleine d'œufs brouillés, de fromage râpé et de beaucoup de sauce piquante Tapatío pour assouvir mon addiction au chili. Cependant, tous mes cousins et ma copine se sont réveillés au même moment et m'ont vu faire. Comme si me faire une quesadilla avec ma gueule de bois et le décalage horaire n'était pas déjà assez difficile, j'ai dû en faire pour six ou sept personnes ! Ça m'a demandé un effort colossal, mais comme je suis chef et que je ne vois pas souvent mes cousins américains, je n'avais pas le choix…

15 min
Pour 1 personne

2 tortillas de blé
2 œufs
Sauce piquante Tapatío
1 poignée de Comté râpé
Beurre
Sel et poivre du moulin

Préparez les œufs brouillés dans une poêle antiadhésive de la même taille que les tortillas : faites fondre le beurre et ajoutez les œufs. Mélangez doucement mais constamment à feu doux jusqu'à ce qu'ils soient juste assez cuits. Salez, poivrez et réservez.

Essuyez la casserole et remettez-la sur le feu, ajoutez une tortilla et faites-la griller légèrement. Ajoutez les œufs sur la tortilla et couvrez-la de fromage râpé et de sauce piquante Tapatío (à volonté). Recouvrez le tout avec la deuxième tortilla et repliez légèrement les bords, retournez-la et faites-la griller de l'autre côté jusqu'à ce qu'elle soit croustillante et que le fromage ait fondu. Coupez-la sur une planche à découper et servez.

Multipliez les ingrédients en fonction du nombre de convives et répétez l'opération autant de fois que nécessaire…

Minestrone de poule aux épices

Charles Compagnon   Richer, Paris

C'est une recette que j'ai faite le lendemain d'un merveilleux dîner avec ma femme au Mermoz, où nous avions pas mal picolé. Nous avions bu un Marsannay de chez Sylvain Pataille, un super vigneron de Bourgogne, ainsi qu'un petit apéritif suivi d'un petit digestif. Puis, nous nous sommes promenés un peu ivres dans les rues de Paris, pour finir au Ritz et prendre un dernier cocktail au Bar Hemingway. Mais la nuit ne s'est pas passée comme prévu, on s'est fait réveiller sans arrêt par nos enfants... Donc grosse cuite et lendemain très difficile. À midi, j'ai fait cette recette pour pouvoir survivre.

2 h 30 min
Pour 4 personnes

1 poule de 1,5 kg
1 petit céleri-rave
1 fenouil
5 carottes
1 poireau
3 oignons
1 gousse d'ail
1 échalote
50 g de gingembre
1 petit piment oiseau
2 anis étoilés
Huile d'olive
1 cuil. à café de fleur de sel
1 cuil. à café de poivre en grains

Épluchez tous les légumes puis coupez-les en morceaux. Réservez le vert du fenouil pour la décoration. Faites revenir les légumes dans un peu d'huile d'olive. Mettez la poule sur le lit de légumes puis couvrez à hauteur (attention à ne pas mettre trop d'eau sinon le bouillon n'aura pas de goût). Ajoutez le piment épépiné et coupé en petits morceaux, les anis étoilés, l'ail préalablement dégermé et coupé en petits morceaux, le sel et le poivre.

Laissez cuire à feu doux à couvert pendant 2 h tout en écumant les impuretés de temps en temps. Retirez la poule, laissez refroidir légèrement puis dépiautez-la et remettez la chair dans le bouillon. Goûtez le bouillon, corrigez l'assaisonnement si nécessaire.

Au moment du dressage, faites attention à mettre du liquide ainsi que de la garniture. Décorez avec le vert du fenouil.

Bouillon épicé pour un meilleur lendemain

Yannig Samot — Mmmozza, Paris

C'est la recette parfaite pour un lendemain de soirée car elle est composée d'aliments qui aident à la récupération du corps. Le gingembre est un stimulant, le citron réactive le foie tandis que le poivre du Sichuan et le piment vous feront suer l'alcool qu'il reste encore en vous au petit matin...

30 min
Pour 4 personnes

1 l d'eau
1 tomate
1 carotte
1 citron
2 gousses d'ail
1 oignon
30 g de gingembre
1 bâton de citronnelle
4 feuilles de kaffir
1 branche de coriandre
1 bouillon cube de bœuf
Sauce soja
Sauce sriracha
Huile d'olive
Poivre du Sichuan
Nouilles de riz *(facultatif)*
Crevettes *(facultatif)*

Tranchez finement l'ail, l'oignon et le gingembre. Faites-les revenir dans une casserole avec un filet d'huile d'olive. Ajoutez la tomate en tranches, la carotte râpée, le jus du citron, les feuilles de kaffir (des feuilles de citronnier au rayon surgelé dans les épiceries asiatiques), la citronnelle coupée en quatre et la sauce sriracha en fonction de votre résistance au « feu ».

Ajoutez 1 l d'eau et le bouillon cube dans cette casserole et portez le tout à ébullition, puis laissez frémir 20 min. Salez si besoin avec un peu de sauce soja. Servez avec la coriandre ciselée et un tour de moulin à poivre du Sichuan.

Un conseil : pour un repas complet, ajoutez des nouilles de riz et des crevettes en même temps que le bouillon cube.

Toast labneh

Moko Hirayama et Omar Koreitem   Mokonuts, Paris

Ce toast c'est tout simplement un bon pain toasté recouvert de labneh, qui sauverait n'importe qui du désespoir le lendemain d'une grosse soirée. Bien évidemment, nous utilisons notre pain de campagne mais vous pouvez utiliser n'importe quel pain pour votre toast. Le labneh, c'est une préparation typiquement libanaise : un yaourt bien égoutté, foisonné avec de l'huile d'olive de qualité et saupoudré de za'atar. Si simple et tellement bon…

5 min
Pour 4 personnes

4 tranches de pain de campagne
Za'atar *(à volonté)*
500 g de labneh
50 ml d'huile d'olive
Sel

Dans un bol, mélangez le labneh (vous pouvez également utiliser du yaourt grec), l'huile d'olive et du sel. À l'aide d'un fouet, émulsionnez tous les ingrédients jusqu'à ce que le mélange soit bien combiné. Ajoutez du sel si besoin.

Servez froid sur du pain grillé, parsemez de za'atar et terminez par un filet d'huile d'olive.

Croustillant d'œuf de poule

Michel Roth — Président Wilson, Genève

Ce jour-là, nous étions en jury de concours gastronomique pour des jeunes talents sur le thème des œufs. Après la remise des prix, nous nous sommes tous retrouvés dans le salon pour un dîner entre chefs, jurés et candidats. La soirée s'est éternisée, et à la fin, il ne restait qu'un petit noyau de chefs; tous les autres étaient partis.
Le lendemain, nous nous sommes retrouvés très (trop) tôt dans la journée, la faim commençait à se faire savoir. Une personne a alors lancé un challenge. Il restait beaucoup d'œufs de la veille et l'idée nous est venue de faire un petit concours entre nous... À mon tour, je me suis pris au jeu, j'ai cassé un œuf dans la poêle et il s'est percé, j'ai donc mis un toast autour. À la dégustation, mes amis chefs ont trouvé que le croustillant du pain doré et l'œuf s'alliaient à merveille. Je l'ai ainsi repensé en version gastronomique avec une mitonnée de cèpes et d'artichauts

15 min
Pour 4 personnes

4 tranches fines de pain de mie
4 œufs
60 g de beurre

Fricassée de champignons
120 g de champignons des bois
1 gousse d'ail
1 échalote

Finitions
12 tranches de magret de canard fumé
100 g de frisée
8 artichauts poivrades marinés
30 g de fleur de Cazette
40 ml de jus de volaille
100 ml de vinaigrette

Pour obtenir quatre anneaux de pain, découpez chaque tranche en forme de cercle puis coupez un plus petit cercle au centre. Beurrez l'une des faces de chaque anneau de pain.

Poêlez les champignons avec le reste du beurre, l'ail et l'échalote préalablement ciselés. Réservez.

Déposez chaque anneau de pain sur la poêle, face beurrée vers le bas. Cassez les œufs au centre des cercles et laissez cuire comme un œuf au plat.

Disposez un croustillant d'œuf sur chaque assiette. Dressez les artichauts et les champignons autour. Ajoutez le bouquet de frisée assaisonnée de vinaigrette, les tranches de magret, la fleur de Cazette et le jus de volaille.

Aïgo boulido

Fanny Rey — L' Auberge de Saint-Rémy, Saint-Rémy-de-Provence

On prête à cette boisson digestive typiquement provençale de nombreux effets bénéfiques pour la santé.

Comme on le dit en provençal « l'aïgo boulido sauvo la vido », ce qui se traduit par l'eau bouillie sauve la vie.

20 min
Pour 4 personnes

½ l d'eau
6 gousses d'ail
3 branches de thym
3 feuilles de laurier
8 feuilles de sauge
2 cuil. à soupe d'huile d'olive
Sel et poivre du moulin

Dégermez les gousses d'ail et faites-les bouillir 15 min dans l'eau. Ajoutez la sauge, le laurier, le thym et l'huile d'olive. Éteignez le feu et couvrez la casserole à l'aide d'un film alimentaire. Attendez 5 min et dégustez !

L'andouille qui sauve

Alexandre Soyez — Au Verre Levé, Aix-en-Provence

Je suis rentré très tard, ou plutôt très tôt, le matin d'une soirée où les jolies quilles se sont accumulées. Un bon repas, de bons vins et surtout les bons copains ! La nuit a été courte, il faut enchaîner une nouvelle soirée derrière le bar. Alors avant de commencer ma mise en place, je me prépare un truc vite fait avec ce qu'il y a dans mes réfrigérateurs...

20 min
Pour 1 personne

1 tranche de pain de mie
3 rondelles d'andouille de Guéméné
¼ de chou rouge
10 cornichons au vinaigre
10 rondelles de pickles d'oignons rouges
10 feuilles de céleri-branche
Vinaigre de vin rouge
2 cuil. à café de moutarde à l'ancienne
1 noix de beurre
Huile d'olive

Faites dorer la tranche de pain de mie dans une poêle avec un peu de beurre. Pendant ce temps, mélangez la moutarde à l'ancienne dans un bol en inox avec 2 cuil. à soupe d'huile d'olive, les pickles d'oignons rouges et les cornichons coupés en brunoise. Vous obtenez ainsi une petite compotée bien acide et relevée pour remettre les papilles à l'endroit. Quand le pain de mie est bien doré et légèrement croustillant, étalez la compotée dessus et ajoutez les tranches d'andouille.

Mettez au four en mode gril à 210°C pendant 5 min. Quand vous voyez que l'andouille commence à transpirer, c'est bon signe : le toast est cuit. Sortez-le du four et ajoutez les feuilles de céleri-branche émincées.

Accompagnez le toast d'une petite salade de chou rouge pour la fraîcheur, coupé grossièrement et assaisonné d'huile d'olive et d'une bonne dose de vinaigre de vin rouge (de La Guinelle idéalement).
Un petit remontant bien canaille pour pouvoir commencer la journée.

Tattie scone

Matt Hiltemann — Martin Boire et Manger, Paris

Soyons clairs, le English breakfast est le meilleur remède contre la gueule de bois. En Angleterre, il est traditionnellement composé d'œufs au plat, boudin noir, bacon, champignons, tomates, toasts, saucisses, baked beans et hash browns. C'est probablement pour répondre à leurs gueules de bois de plus en plus intenses et fréquentes que la version écossaise du English breakfast a évolué pour inclure le tattie scone - composé de purée de pommes de terre (probablement des restes de la veille, avant d'aller au match, au pub ou en discothèque), de levure, de beurre et d'un œuf. Une amie m'a raconté qu'un jour, pendant un tournage à Glasgow, l'équipe du film s'est arrêtée pour déjeuner. Dans la file d'attente du buffet, un grand producteur anglais a dit : « J'aime beaucoup les scones de pommes de terre que vous avez en Écosse ». Un technicien d'éclairage, avec un ton des plus sérieux et un fort accent du coin, a répondu : « On appelle ça un tattie scone, abruti ! ».

35 min
Pour 6 personnes

250 g de farine
35 g de levure chimique
1 œuf
4 pommes de terre Bintje
50 g de beurre
1 cuil. à soupe de sel

Accompagnement *(facultatif)*
Saucisses
Boudin noir
Bacon
Œufs
Baked beans
Hash browns
Champignons
Tomates

Épluchez les pommes de terre et coupez-les en morceaux réguliers. Dans de l'eau légèrement salée, faites mijoter doucement les morceaux en faisant attention à ne pas les porter à ébullition. Laissez cuire jusqu'à ce que vous puissiez facilement y passer un couteau. Égouttez et réduisez-les en purée : vous devez obtenir environ 500 g.

Mélangez la purée avec la farine, la levure, l'œuf, le beurre et le sel puis pétrissez la pâte. Étalez-la sur 2 cm d'épaisseur et découpez-la à l'aide d'un emporte-pièce rond. Enfournez pendant environ 15 min à 200°C. Une fois cuits, découpez les scones en quatre.

Un conseil : l'idéal est de faire rissoler les tattie scones dans la même casserole que le bacon, le boudin et les saucisses pour en garder le goût !

Nouilles froides aux palourdes

Esu Lee

C.A.M. , Paris

Lorsque j'étais plus jeune, à Séoul, j'allais souvent dans des karaokés en sous-sol, pour chanter à tue-tête, sans me soucier de l'opinion des autres. Je chantais comme une superstar et j'avais l'impression d'assister à mon propre concert.

Récemment, je suis retourné à Séoul avec mon associé, nous sommes allés chanter dans un de ces endroits jusqu'au bout de la nuit. Nous avons ensuite dévoré des nouilles froides aux palourdes...

40 min *32 h*
Pour 1 personne

80 g de nouilles soba
1 concombre
Huile d'olive
30 g de sel

Granité
1 l d'eau
100 g de palourdes
50 g de katsuobushi
1 daikon
30 g de kombu
30 ml de sauce soja
30 ml de mirin
10 ml de nuoc-mâm

Sauce
50 g de sucre
50 ml de sirop de maïs
90 g de Gochujang
80 ml d'eau
80 ml de vinaigre de riz
20 ml d'huile de sésame

Faites tremper le kombu dans 1 l d'eau pendant 24 h au frais. Le lendemain, préparez les palourdes. Faites-les tremper dans de l'eau fraîche pendant 30 min. Retirez le kombu de l'eau, puis ajoutez le radis blanc épluché et coupé en morceaux. Versez la sauce soja, le mirin et le nuoc-mâm dans l'eau et portez le tout à ébullition. Faites cuire les palourdes dans ce bouillon jusqu'à ce qu'elles s'ouvrent. Retirez-les du bouillon et placez-les au frais avec de l'huile d'olive dans un récipient hermétique. Pour terminer la préparation du granité, ajoutez le katsuobushi dans le bouillon et éteignez le feu. Laissez infuser pendant 30 min. Filtrez le bouillon et gardez-le au congélateur pendant 8 h.

Épluchez le concombre et tranchez-le finement. Recouvrez-les avec les 30 g de sel et laissez-les reposer pendant 20 min. Rincez-les pour retirer l'excédent de sel.

Mélangez tous les ingrédients de la sauce dans une casserole et portez à ébullition sur un feu vif. Arrêtez la cuisson dès que l'ébullition est atteinte, et laissez refroidir.

Faites cuire les nouilles dans de l'eau bouillante pendant 4 min, rincez-les à l'eau froide et égouttez-les. Mélangez les nouilles et la sauce et dressez dans des bols, puis déposez des concombres salés et quelques palourdes. Sortez le bouillon du congélateur et grattez du granité à l'aide d'une fourchette pour couvrir les nouilles. Dégustez !

Soupe provençale au pistou

Lise Kvan et Éric Montéléon   Le Saint Hubert, Saint-Saturnin-lès-Apt

Après une saison bien chargée, nous avons pu faire un petit repas avec la maman d'Éric. Marie-Charlotte nous a accueillis avec cette merveilleuse soupe au pistou qui nous a fait tellement de bien... Nos corps bien rechargés et nos têtes bien en place, la soupe au pistou est devenue beaucoup plus qu'une soupe. C'est une potion magique qui requinque et booste le corps avec des fibres et des vitamines. Certes, elle demande de la patience mais le résultat sauvera tout mal de tête et calmera les ventres !

1 h 30 min
Pour 8 personnes

100 g de coquillettes
400 g de haricots blancs
400 g de haricots rouges
250 g de haricots verts
200 g de haricots plats
3 pommes de terre
2 courgettes
3 carottes
3 grosses tomates
5 gousses d'ail
1 gros oignon blanc
½ bouquet de basilic
Fromage râpé
(gruyère ou emmental)
Huile d'olive
Sel et poivre du moulin

Lavez les légumes et coupez-les en morceaux de taille similaire pour une cuisson régulière.

Mettez tous les haricots, courgettes, carottes, tomates et l'oignon, ainsi que deux branches de basilic et trois pincées de sel dans une cocotte bien remplie d'eau. Ne couvrez pas la cocotte et laissez cuire pendant 45 min à feu doux. Après 45 min, vérifiez la cuisson des haricots : ils doivent être tendres.

Ajoutez les pommes de terre et laissez cuire encore 15 min. Quand les pommes de terre sont presque cuites, ajoutez les pâtes. Laissez mijoter pendant encore 10 min, ou jusqu'à ce que les pâtes et les pommes de terre soient cuites.

Pendant la cuisson, préparez le pistou. Mixez le reste du basilic effeuillé avec les gousses d'ail, 5 cuil. à soupe d'huile d'olive (de très bonne qualité, c'est important !), le sel et le poivre pour créer une émulsion homogène.

Mettez un peu de pistou dans la soupe chaude. Dans un bol, versez une bonne louche de soupe, une cuillère de pistou, et du fromage râpé. Allez, bonne sieste !

Toast des lendemains

Sarah Mouchot Holybelly, Paris

Les soirées arrosées ne font plus vraiment partie de notre quotidien depuis l'arrivée de notre petit Louis. Étant à la tête de deux adresses du matin, le réveil a toujours sonné (trop) tôt chez nous donc on pourrait facilement nous ranger dans la case des gens sages, qui rentrent tôt et qui espacent chaque verre de vin par un grand verre d'eau. Cela étant dit, les dérapages peuvent encore arriver. Le dernier en date remonte à pas si longtemps, un dîner d'équipe avec toute la famille Holybelly où l'on a perdu le compte, oublié l'eau, résultant en un réveil tardif et douloureux.

Un des nombreux avantages à être un couple de restaurateurs c'est qu'il y a toujours quelque chose de bon pour bricoler à la maison, pas besoin d'enfiler un pantalon pour aller faire les courses quand la pièce tourne toute seule et que l'équilibre est plus qu'à peu près. Ce matin-là donc, de beaux œufs frais de chez Terroirs d'Avenir, un reste de chorizo du copain Carlos, un bon bout d'Étivaz de chez Taka et Vermo et un gros morceau de pain des amis de Du Pain et des Idées… tous les ingrédients sont là pour passer du très mal au très bon.

20 min
Pour 2 personnes

2 tranches de pain
2 saucisses de chorizo frais
4 œufs
100 g d'Étivaz
1 cuil. à soupe de lait
1 cuil. à soupe de crème
1 noix de beurre salé
Huile de tournesol
Fleur de sel
Pousses de salade *(facultatif)*

Fouettez les œufs, la crème et le lait avec un peu de fleur de sel. Faites fondre le beurre dans une poêle pas trop chaude. Ajoutez le mélange des œufs et faites cuire doucement en tournant avec une spatule. Quand les œufs commencent à prendre, ajoutez l'Etivaz coupé en petits cubes et mélangez doucement jusqu'à obtention de beaux rubans d'œufs brouillés.

Pour la cuisson du chorizo, chauffez de l'huile dans une poêle, puis faites dorer les saucisses 5 min de chaque côté.

Toastez les tranches de pain et garnissez-les généreusement de beurre salé puis des œufs brouillés. Terminez en déposant les saucisses coupées en morceaux, et ajoutez éventuellement une petite salade verte pour la bonne conscience.

Chicken soup

Marc Grossman — Bob's Bake Shop, Paris

Cela fait longtemps que je n'ai pas bu d'alcool... Lorsque je suis en gueule de bois ces temps-ci, c'est probablement parce que j'ai abusé de ma drogue principale : trop travailler, ou me livrer à l'un de mes moindres vices tel que googler compulsivement Donald Trump ou regarder une série télévisée dystopique pendant des heures. Selon moi, le meilleur remède pour un lendemain difficile c'est la traditionnelle chicken soup comme aux États-Unis.

3 h
Pour 4 personnes

Bouillon de poulet
1,25 l d'eau
1 carcasse de poulet
2 ailes de poulet
1 pied de poulet
1 carotte
1 branche de céleri
½ oignon
1 petit morceau de gingembre
½ bouquet de persil
1 feuille de laurier

Soupe
500 ml d'eau
1 l de bouillon de poulet
2 cuisses de poulet
1 branche de céleri
1 carotte
1 panais
1 oignon jaune
½ feuille de laurier
2 cuil. à soupe d'huile
Sel et poivre du moulin

Finitions
Quelques feuilles de persil
Sel et poivre du moulin

Épluchez et hachez le demi-oignon et le gingembre. Rassemblez tous les ingrédients du bouillon de poulet dans une cocotte-minute. Portez à ébullition, retirez l'écume de la surface, puis fermez-la et mettez-la à pression. Baissez la flamme en maintenant la pression pendant 1 h 30 min. Si vous n'avez pas de cocotte-minute, vous pouvez faire le bouillon dans une casserole traditionnelle, avec une cuisson d'au moins 8 h. Passez le bouillon dans une passoire fine pour en obtenir 1 l.

Préparez la soupe. Ciselez l'oignon jaune et faites-le suer à feu moyen dans une grande marmite avec l'huile (ou un mélange huile et graisse de poulet). Épluchez la carotte et le panais, ciselez-les ainsi que la branche de céleri. Ajoutez ces morceaux de légumes dans la marmite, assaisonnez et faites-les sauter pendant 10 min. Enlevez la peau des cuisses de poulet et coupez-les en deux. Ajoutez le reste des ingrédients et portez à ébullition. Baissez le feu et laissez réduire environ 45 min. Retirez le poulet, coupez la chair en petits morceaux. Réservez.

Dressez le bol de soupe avec un mélange de bouillon, de légumes et de poulet. Assaisonnez à nouveau et décorez avec les feuilles de persil.

Quiet Doctor,
Lavish Insider:
A Parallel Life
A Trading Case Figure's
Late-Career Shift

Poulet pané aux Corn Flakes

Alexandre Arnal — Paris

Le week-end en gueule de bois, on se retrouve toujours avec Jonathan (mon associé et meilleur ami) autour d'un bon plat de nuggets préparé par Babeth, ma maman. Juste des nuggets avec un jus de citron et une feuille de salade.

Après une belle nuit de vadrouille, l'idée nous est venue de faire notre propre sauce secrète, comme une sauce ranch mais bien meilleure. Avec ça, on a voulu faire un croustillant encore plus gourmand en utilisant des Corn Flakes.

25 min
Pour 4 personnes

1 salade romaine

Nuggets
100 g de Corn Flakes
40 g de farine
400 g de blancs de poulet
4 œufs
Huile végétale *(pour le bain de friture)*
Jus de citron *(facultatif)*

Mayonnaise secrète
2 jaunes d'œufs
Le zeste de 2 citrons
40 g de ciboulette
30 g de wasabi
6 ml de sauce soja
70 g de yaourt
500 ml d'huile de tournesol
Sel et poivre du moulin

Préparez trois assiettes creuses pour la panure : une avec la farine, une autre avec les œufs battus et une troisième avec les Corn Flakes écrasés à la main.

Taillez le poulet en morceaux d'environ 25 g. Passez-les dans la farine, puis dans les œufs. Roulez-les ensuite dans les Corn Flakes. Faites-les frire à la friteuse à 180°C ou dans une poêle avec beaucoup d'huile végétale.

Préparez la mayonnaise secrète. Mélangez les jaunes d'œufs avec le wasabi pour remplacer la moutarde. Montez la mayonnaise en incorporant petit à petit l'huile de tournesol. Ajoutez la sauce soja, le zeste des citrons, le yaourt et la ciboulette. Salez et poivrez.

Dressez en mettant les nuggets dans des feuilles de salade romaine avec une cuillère de mayonnaise.

Un conseil : pour les amateurs, un peu de jus de citron fera toute la différence !

250g ℮

Halloumuffin

Alexia Duchêne   Paris

Mon en-cas gueule de bois préféré est de loin ce muffin au halloumi. Surtout l'été quand il fait beau et chaud, posée sur la terrasse avec une bonne citronnade à la fleur d'oranger. J'ai fait ce sandwich pour la première fois après une soirée bien arrosée : il était 4 heures du matin, j'avais alors attrapé ce qu'il me restait dans le réfrigérateur. Depuis, c'est devenu mon snack post-soirée de prédilection !

10 min
Pour 2 personnes

2 muffins anglais
2 œufs
1 concombre
1 citron
½ de bouquet de coriandre
2 cuil. à soupe de harissa
100 g de halloumi
1 yaourt
Huile d'olive
Fleur de sel

À la mandoline, coupez le concombre en rondelles de 2 mm d'épaisseur. Mélangez-les avec le yaourt, 1 cuil. à soupe d'huile d'olive, un trait de citron et du sel. Découpez le halloumi en tranches de 1 cm et faites-le dorer dans une poêle chaude avec un filet d'huile d'olive. Coupez le muffin en deux et toastez-le. Faites cuire les œufs au plat en veillant à ce que les jaunes soient bien coulants mais les blancs presque translucides.

Montez chaque sandwich avec une tranche de muffin, une fine couche de harissa, de la salade de concombre, des tranches de halloumi puis l'œuf. Pour terminer, parsemez de feuilles de coriandre et de jus de citron. Un peu de fleur de sel et c'est parti, vous pouvez remettre une tranche de muffin sur le dessus. Il ne vous reste plus qu'à vous poser et kiffer.

Bouillon bonheur

Sylvestre Wahid — *Sylvestre Wahid*, Courchevel

Ce bouillon est un plat bienfaisant. À boire très chaud pour préserver son énergie interne, surtout quand on en manque le lendemain matin... C'est le moment de prendre soin de son système digestif et de ses reins, centrale électrique de l'organisme. La citronnelle, le poivre et les autres épices de ce bouillon contribuent également à tonifier l'organisme et l'aider à digérer. De quoi se remettre d'une longue soirée et éliminer toutes les toxines de la veille. Le plus important c'est de mettre de l'amour dans ce bouillon, c'est ce qui le rend bienfaisant, car sans amour il n'y a rien.

45 min
Pour 4 personnes

1 l d'eau
100 g de foie gras frais
500 g de cèpes
2 cébettes
20 g de racines de galanga
1 bâton de citronnelle
1 bouquet garni
10 feuilles de menthe
10 feuilles de basilic thaï
10 feuilles de céleri jaune
Vinaigre de bonite fumée
Huile d'olive
Sel noir fumé
3 pincées de poivre long
1 cuil. à café de poivre du Sichuan
1 cuil. à café de poivre blanc en grains

Grattez, lavez et essuyez les cèpes. Taillez-les en petits cubes et réservez-les au frais. Gardez les parures des cèpes pour le bouillon de légumes. Taillez le foie gras en petit dés de la même taille et réservez-les au frais.

Préparez le bouillon. Dans une grande casserole, portez l'eau à ébullition, ajoutez les épices et les parures de cèpes, couvrez et laissez infuser durant 20 min. Taillez les cébettes en biseaux. Lavez les herbes fraîches : basilic thaï, menthe et céleri jaune.

Disposez dans chaque assiette des quartiers de cèpes, dés de foie gras et herbes fraîches. Assaisonnez avec le sel fumé, un filet de vinaigre de bonite fumée et un trait d'huile d'olive.

Filtrez le bouillon à l'aide d'un chinois étamine. Versez le bouillon chaud dans les assiettes et servez aussitôt.

Clamato aux huîtres minute, concombre et chips de pommes de terre

Cyril Bordarier et Thomas Vicente Le Verre Volé, Paris

La gueule de bois est souvent plus légère quand on boit du sans soufre, quoique... Rien de mieux qu'un bon coup d'iode pour se remettre d'une grosse cuite ! Cette recette a été inspirée par notre voyage au Mexique où il est de bon ton de manger un ceviche en buvant la célèbre michelada, un mélange de jus de tomate, citron, Tabasco et bière bien fraîche.

10 min
Pour 1 personne

Chips *(à volonté)*
3 huîtres spéciales Utah Beach
150 ml de jus de tomate
1 concombre
1 citron vert
9 gouttes de Tabasco vert
Sel
Poivre blanc

Ouvrez les huîtres, gardez l'eau dans un récipient. Coupez le concombre en cubes et pressez le citron vert. Taillez les huîtres en tartare.

Mélangez le jus de tomate (nous utilisons celui de Patrick Font) avec l'eau des huîtres, le jus du citron vert, le Tabasco vert, le concombre et les huîtres. Assaisonnez de sel et de poivre blanc.

Présentez comme un ceviche dans une assiette creuse et servez avec des chips et une bière bien fraîche, le tour est joué ! Nous privilégions la Biolégère Dupont pour ceux qui veulent remettre le facteur sur le vélo.

Toast de soubressade, haddock fumé et oseille

Florent Ciccoli — Le Café du Coin, Paris

Le lendemain de la cérémonie de remise des prix Fooding Guide 2019, je me suis réveillé avec une belle gueule de bois… Je me suis alors préparé une recette que je fais souvent le dimanche matin après un samedi un peu arrosé : je vais au marché de la place des Fêtes à côté de chez moi, j'achète un bon pain de campagne au levain, une soubressade chez le traiteur portugo-espagnol, un morceau de haddock et de l'oseille pour vivifier le tout. Ce toast est un mélange parfait de gras, de piment, de fumé et d'acidité : c'est tout simple mais c'est tellement bon !

5 min
Pour 1 personne

1 pain de campagne au levain
1 soubressade
1 morceau de haddock fumé
2 feuilles d'oseille
Huile d'olive

Coupez une belle tranche de pain de campagne au levain. Faites-la chauffer à la poêle avec un peu d'huile d'olive. Étalez la soubressade comme un bon Nutella de cochon pimenté. Découpez des fines tranches de haddock fumé et positionnez-les sur le toast. Ciselez un peu d'oseille et saupoudrez-la sur le pain. Croquez à pleines dents !

Trop dans le mal
Trop facile !

Bacon and egg muffin

Greg Marchand   Frenchie, Paris

Quand je vivais à Londres et qu'on sortait, le lendemain on allait dans les greasy spoons où l'on mangeait ce fameux bacon and egg muffin avec des baked beans avant de repartir se coucher...

10 min
Pour 1 personne

1 muffin anglais
2 tranches de bacon fumé
1 œuf
1 pincée de piment d'Espelette
HP sauce
Ketchup
2 tranches de cheddar
Huile
Sel

Coupez le muffin en deux dans l'épaisseur et beurrez les faces intérieures. Faites-les griller côté beurré sur une poêle ou à la plancha jusqu'à ce qu'elles ramollissent. Retournez les moitiés de muffin pour former le sandwich directement sur la poêle ou la plancha pendant que l'extérieur grille encore.

Ajoutez une tranche de cheddar sur chaque moitié et laissez-les fondre grâce à la chaleur du pain. Ajoutez une généreuse quantité de ketchup sur une moitié, et de la HP sauce sur l'autre.

Faites chauffer une autre poêle antiadhésive à feu moyen avec un peu d'huile. Cassez l'œuf dans un moule rond de la taille du muffin et assaisonnez de sel et de piment d'Espelette. Ajoutez deux tranches de bacon sur la partie inférieure du muffin et l'œuf au plat sur la partie supérieure.

Transférez le bas du muffin sur une assiette, puis refermez délicatement avec le haut du muffin.

Bouillon détox

Eric Briffard — Institut Le Cordon Bleu, Paris

Cette recette est en mémoire du Japon. En 1989, j'étais un jeune chef de 28 ans au Royal Park Hotel à Tokyo. J'ai des souvenirs de belles soirées bien arrosées dans de petits restaurants modestes avec l'ensemble de ma team japonaise du restaurant Palazzo. Dans un esprit d'équipe, ils pensaient bien pouvoir me saouler un jour à la bière nippone. Cela était sans savoir que j'étais aguerri à l'alcool, étant Bourguignon de naissance et baptisé au chablis. Ce fameux bouillon détox, décoction épicée, était le remontant indispensable avant de reprendre une belle journée de travail.

1 h 50 min
Pour 8 personnes

2 l d'eau
25 ml d'huile d'olive
Gros sel

Aromates
30 g d'ail
30 g de gingembre
1 piment oiseau
1 bâton de citronnelle
1 feuille de combava
1 clou de girofle
2 anis étoilés
5 graines de cardamome
3 g de graines de coriandre
3 g de poivre Timut ou noir

Légumes
100 g de carottes
100 g de poireaux
80 g de champignons
100 g de fenouil
100 g de chou chinois
80 g de céleri-branche
80 g de céleri-rave
80 g d'échalotes
100 g d'oignons blancs

Préparez les aromates : émincez les gousses d'ail, taillez le bâton de citronnelle dans la longueur, hachez le gingembre. Réservez avec le reste des aromates.

Pelez, lavez, taillez en petits tronçons les légumes. Faites-les suer dans une marmite avec l'huile d'olive et 1 cuil. à café de gros sel. Ajoutez tous les aromates, faites cuire 1 min à couvert puis mouillez avec l'eau. Faites bouillir, écumez, et continuez de cuire à petit frémissement pendant 1 h 15 min. Laissez reposer 20 min hermétiquement puis décantez les tronçons de légumes. Passez le bouillon au chinois étamine et réservez.

Servez le bouillon bien chaud dans une assiette creuse.

Un conseil : pour un plat plus consistant, vous pouvez ajouter un pavé de tofu poêlé à l'huile d'olive, bien croustillant, éventuellement recouvert de ciboulette et gingembre ciselés.

Pâtes à la carbonara

Aaron Rosenthal   Paris

Pour moi il n'y a pas de doute, un plat de pâtes c'est toujours la meilleure option après une soirée trop arrosée. Cette recette de pâtes à la carbonara est une recette que j'ai apprise quand je travaillais à Boston. C'est un plat qui fait plaisir à tout le monde, avec les ingrédients que j'ai toujours à la maison. Quand je travaillais en Italie à la ferme Lago Scuro, on faisait des compétitions nocturnes des meilleures pâtes après le service du soir. Pour la soirée carbonara et cacio e pepe, j'ai gagné avec cette recette contre quatre italiens. Elle peut paraître longue et compliquée, mais je vous assure, c'est très simple, et les ingrédients sont faciles à trouver, même à l'épicerie du coin à 3 heures du matin. Et je ne jugerai pas du tout celui qui utilise du parmesan déjà râpé à cause de la gueule de bois !

20 min
Pour 1 personne

110 g de penne rigate
25 g de pancetta
1 œuf
1 jaune d'œuf
25 g de parmesan
5 g de gros sel
1 g de poivre noir

Chauffez une poêle à feu moyen. Coupez la pancetta en petits cubes de 1 cm d'épaisseur. Choisissez des morceaux pas trop gras, sinon du bacon fera l'affaire. Laissez-les cuire jusqu'à ce qu'ils rendent leur gras et qu'ils soient croustillants. Retirez-les en gardant le gras dans la poêle, et réservez.

Râpez le parmesan, réservez-en 20 g pour la sauce et le reste pour le dressage. Dans un cul de poule, mélangez : l'œuf entier, le jaune d'œuf, le parmesan, et 1 g de poivre noir fraîchement moulu. Fouettez le tout jusqu'à obtention d'une crème légère.

Portez de l'eau à ébullition avec du gros sel pour y cuire les pâtes (mes préférées sont les Mancini et Setaro, sinon De Cecco). Retirez 2 min au temps recommandé pour terminer la cuisson dans la poêle. Une fois cuites, égouttez les pâtes avec une passoire, en gardant un demi-verre d'eau de cuisson.

Suite →

Chauffez la poêle à feu vif. Mettez environ 50 ml d'eau de cuisson des pâtes dans la poêle. Versez les pâtes et continuez à cuire pendant 2 min. Le liquide de cuisson va réduire et devenir naturellement lié. Mettez à nouveau un peu d'eau de cuisson dans la poêle pour la garder humide. Il faut que les pâtes soient bien liées avec cette sauce, et qu'il reste un fond de liquide dans la poêle avant de passer à la prochaine étape.

x x x

Maintenant vient la partie la plus importante de la recette : la liaison avec les œufs. Ça se passe très rapidement, donc il faut être prêt à aller vite. Versez le mélange œufs-parmesan-poivre dans la poêle. Mettez immédiatement le couvercle sur la poêle, et retirez du feu. Secouez la casserole doucement pendant 15 s. Avec la chaleur de la poêle, cela va cuire doucement et créer une sauce très crémeuse. Si la sauce est un peu sèche, n'hésitez pas à ajouter un peu d'eau de cuisson pour la détendre.

x x x

Ajoutez les morceaux croustillants de pancetta, mélangez une dernière fois, et assaisonnez. Dressez sur une assiette, et ajoutez le reste du parmesan pour la présentation.

Okonomiyaki

Edward Delling-Williams **Le Grand Bain, Paris**

L'okonomiyaki est un pancake japonais salé garni de sa sauce éponyme, de mayonnaise Kewpie, et d'algues aonori. J'en fais souvent avec plein de légumes pour essayer de contrebalancer le terrible enfer dans lequel je patauge lorsque je suis en gueule de bois... La première fois, c'était une soirée qui avait commencé en cuisine avec quelques bières. Une bière en devient deux, puis une bouteille de vin nature pour tout le monde et avant même que l'on s'en rende compte, on finit devant le lever du soleil sur le canal Saint-Martin. Au réveil, j'ai décidé de faire un okonomiyaki car il ne me restait qu'une moitié de chou et un paquet de bacon dans mon réfrigérateur. Maintenant c'est devenu un essentiel de ma cuisine, facile à préparer sans trop d'efforts, que je sois en gueule de bois ou non.

20 min
Pour 1 personne

120 g de farine
¼ de cuil. à café de levure
4 œufs
1 grosse tête de chou blanc
1 oignon nouveau
¼ de cuil. à café de sucre
Katsuobushi
Algues aonori
180 ml de dashi
Sauce okonomiyaki
Mayonnaise Kewpie
Huile
Sel
160 g de nagaimo *(facultatif)*

Mélangez la farine, le sucre, le dashi, la levure et ¼ de cuil. à café de sel. Vous pouvez aussi remplacer le dashi par un mélange d'eau, de mirin et de sauce soja.

Tranchez le chou, hachez l'oignon nouveau, pelez et râpez le nagaimo si vous en avez. Ajoutez le tout à la pâte et incorporez bien. Ajoutez trois œufs et mélangez juste assez, car vous pourriez vous retrouver avec un pancake trop ferme.

Faites chauffer une poêle huilée à feu moyen. Versez la pâte au centre de la casserole et faites cuire le pancake 3 min, puis retournez-le. Faites une petite entaille sur le haut du pancake et cassez un œuf à l'intérieur puis couvrez la casserole. Une fois que l'œuf est cuit, déposez le pancake dans une assiette.

Terminez avec la garniture en saupoudrant de katsuobushi et d'algues aonori. Versez très généreusement de la sauce okonomiyaki et de la mayonnaise Kewpie : c'est la clé de la recette.

Parmigiana

Ciro Cristiano — Big Mamma, Paris

Je me suis marié durant l'été 2019 à Naples. Nous avons organisé un vrai mariage napolitain joliment arrosé, qui s'est terminé tôt le matin. Le lendemain midi, toute la famille était réunie et ma mère nous a cuisiné une parmigiana… La recette parfaite pour un lendemain difficile en famille !

1 h 50 min — 15 min
Pour 4 personnes

300 g de farine
4 aubergines
1 kg de tomates San Marzano pelées en conserve
250 g de tomates cerises
2 oignons jaunes
20 feuilles de basilic
500 g de mozzarella di bufala
1 petit morceau de parmesan
1 petit morceau de pecorino
1 l d'huile végétale *(pour le bain de friture)*
Huile d'olive
Gros sel
Sel et poivre du moulin
3 tomates anciennes *(facultatif)*

Préparez la sauce tomate. Dans une cocotte, chauffez 3 cuil. à soupe d'huile d'olive avec six feuilles de basilic pour parfumer l'huile. Hachez les oignons et mettez-les dans l'huile. Au bout de quelques minutes, ajoutez les tomates fraîches et écrasez-en quelques-unes avec le dos d'une cuillère à soupe. Faites de même avec les tomates en conserve, salez et poivrez. Laissez cuire à feu très doux pendant 1 h en mélangeant de temps en temps.

Lavez les aubergines, coupez-les en deux puis en tranches de ½ cm d'épaisseur. Recouvrez-les de sel et laissez-les dégorger pendant 15 min. Égouttez, rincez puis pressez les aubergines à la main et laissez-les sécher sur un torchon. Une fois sèches, passez-les de chaque côté dans la farine. Faites chauffer suffisamment d'huile végétale dans une grande sauteuse. Plongez les tranches et baissez le feu. Faites-les dorer quelques minutes de chaque côté. Épongez-les sur du papier absorbant. Répétez l'opération jusqu'à avoir frit toutes les aubergines.

Préchauffez le four à 190°C. Coupez la mozzarella en tranches. Dans un plat allant au four, mettez un fond de sauce tomate, puis une première couche d'aubergines frites et un peu de mozzarella, puis râpez un peu de parmesan et de pecorino. Renouvelez l'opération en finissant par de la mozzarella et du fromage râpé. Pour décorer, tranchez éventuellement des tomates anciennes dans le sens de la largeur et disposez-les sur tout le plat.

Enfournez et laissez cuire environ 25 min, le temps que la mozzarella ait bien fondu et le fromage râpé soit coloré. Servez chaud ou froid avec des feuilles de basilic.

Riz sauce poivron vanillé

Apollonia Poilâne   Poilâne, Paris

C'était une soirée entre copains, un soir de mai, veille de jour férié. Des poivrons marinés avec amour, quelques agapes avec une bonne bouteille. Et puis la convivialité d'un voisin qui rejoint la bande et prolonge la nuit, un peu trop ! Ce piment a gardé un goût amer dans mon esprit, et pourtant je l'aime. Alors qu'à cela ne tienne : j'improvise cette recette pour honorer une soirée mémorable. La sauce et son assaisonnement sont à préparer à l'avance pour accueillir des copains qui débarquent à l'improviste ou satisfaire un lendemain de fête. Parce que le goût du pain partagé n'a pas d'égal... et parce qu'après une soirée trop arrosée, la simplicité prime mais ne doit pas compromettre les saveurs.

1 h
Pour 1 personne

2 tranches de pain au levain de la veille
50 g de riz blanc
2 poivrons rouges
Quelques feuilles de basilic
1 gousse de vanille
Huile d'olive

Préparez les ingrédients au préalable pour tout avoir sous la main en cas d'urgence.

Préchauffez le four à 180°C. Faites rôtir les poivrons pendant environ 40 min, jusqu'à ce que la peau noircisse. Passez-les sous l'eau froide pour les peler et les égrainer. Réduisez les poivrons en purée dans un blender avec un filet d'huile d'olive et ajoutez les graines de la gousse de vanille (des Comores idéalement, pour son côté salé) à l'aide d'un petit couteau. Réservez au réfrigérateur dans un pot de confiture.

Grillez légèrement le pain pour l'assécher, et réduisez-le en chapelure à la main. Faites revenir la chapelure à la poêle avec de l'huile d'olive et faites-la dorer. Stockez dans un endroit frais et sec.

Le jour des agapes, faites cuire le riz en suivant les indications sur le paquet. Réchauffez la quantité désirée de sauce poivron vanillé. Découpez quelques feuilles de basilic avec une paire de ciseaux.

Servez le riz dans une assiette creuse et versez la sauce dessus. Ajoutez 1 cuil. à soupe de chapelure de pain dorée et dressez avec les feuilles de basilic.

Spaghetti di mezzanotte

Giovanni Passerini   Passerini, Paris

Les spaghetti di mezzanotte sont un plat typique de Rome et de Naples, en réalité les deux villes se disputent l'origine de la recette... Elle est tellement classique qu'elle pourrait appartenir aux deux traditions, et tient en quelques ingrédients : ail, huile et piment. C'est le plat idéal pour un repas de minuit, après une cuite ou même pendant.

Chez Passerini on le fait de temps en temps, très tard après le service en picolant et en jouant de la gratte. On y ajoute des anchois et du pain torréfié, qui prend presque une texture de viande hachée : ce sont les spaghetti « Jacques-Etienne », du prénom d'un de nos clients préférés qui était là le soir où l'on a fait cette recette pour la première fois.

30 min 30 min
Pour 4 personnes

400 g de spaghetti
2 tranches de pain de campagne
4 anchois
1 citron
2 gousses d'ail
1 petit piment rouge séché
12 câpres de Salina
40 g de persil
250 ml d'huile d'olive extra-vierge
Fleur de sel

Préchauffez le four à 170°C. Enlevez la croûte du pain et coupez-le en dés irréguliers d'environ 3 cm de côté. Enfournez-les jusqu'à obtention d'une coloration marron foncé pour qu'ils soient croustillants même au cœur. Si vous avez le temps, laissez-les reposer 30 min une fois rôtis. Ensuite, cassez-les à l'aide d'un mortier ou d'un rouleau à pâtisserie. Assaisonnez avec un peu d'huile d'olive extra-vierge et une pincée de fleur de sel.

Hachez le persil et réservez. Pelez les gousses d'ail, coupez-les en deux, enlevez le germe et émincez-les très finement avec un couteau ou une mandoline.

Dans une grande poêle, chauffez l'huile d'olive, les anchois, le piment, les câpres bien égouttés et l'ail. Faites attention à ne pas trop chauffer l'huile car l'ail pourrait torréfier et prendre un goût trop prononcé. Portez une casserole d'eau salée à ébullition puis plongez les spaghetti.

Sortez les pâtes de l'eau quand elles sont encore très al dente et passez-les à la poêle avec la sauce, arrosez d'un peu d'eau de cuisson et commencez la « mantecatura » : au fur à mesure que la poêle prend la chaleur, la sauce va se lier. Remuez pendant environ 3 min. Si la sauce semble trop liquide, continuez à remuer et montez la flamme le plus possible. Si, au contraire, elle vous semble sèche, ajoutez encore un peu d'eau de cuisson. Une fois les spaghetti liés, râpez le zeste du citron, puis ajoutez 4 cuil. à café de jus de citron, terminez avec le persil et les croûtons de pain. Mélangez le tout une dernière fois et servez.

32 19

Cordon bleu, purée, piment

Léa Fleuriot   Le Cadoret, Paris

J'ai des souvenirs précis de faim de loup du lendemain, de dévaliser le marché parce que j'ai envie de manger tout en même temps.
Pour moi il existe trois grandes familles de plats antigueule de bois... Le plat chaud en bouillon type pot-au-feu, poule au pot ou soupe pho. Le plat junk food (poulet pané, feuilleté au fromage, croque-madame) pour apporter de l'amour et du réconfort. Le plat iodé (huîtres, crustacés) pour se remettre d'aplomb. Le piment, aliment médicament, est le bienvenu dans chaque catégorie !

30 min
Pour 1 personne

Purée
200 g de pommes de terre
50 g de cheddar fermier
50 ml de lait
20 g de beurre
Sel et poivre du moulin
Thym ou laurier *(facultatif)*
Noix de muscade *(facultatif)*

Panure
50 g de chapelure
50 g de farine
1 œuf

Cordon bleu
150 g de blanc de poulet fermier
1 tranche de jambon blanc
1 cuil. à café de purée de piment
40 g de cheddar fermier
Sel et poivre du moulin
Huile

Épluchez les pommes de terre et coupez-les en gros morceaux. Faites-les bouillir dans une casserole d'eau froide avec un peu de thym ou de laurier. Préchauffez le four à 180°C. Préparez trois assiettes creuses pour la panure : une avec la farine, une autre avec l'œuf battu et une troisième avec la chapelure.

Aplatissez l'escalope de poulet avec du film plastique et un cadavre de bouteille de la veille. Vous devez obtenir une épaisseur de 5 mm. Salez et poivrez des deux côtés. Disposez le jambon taillé en deux au centre de l'escalope, puis le fromage coupé en petites tranches. Étalez de l'œuf battu sur tout le bord de l'escalope et pliez-la en deux comme un chausson.

Trempez le cordon bleu dans la farine, époussetez, puis trempez-le dans l'œuf battu et enfin dans la chapelure. Faites-le colorer dans une poêle avec un peu d'huile pendant 2 min de chaque côté, et enfournez 8 min.

Une fois qu'elles sont cuites, égouttez les pommes de terre. Écrasez-les au presse-purée en ajoutant le lait préalablement tiédi et le beurre. Assaisonnez de sel, de poivre et éventuellement de noix de muscade. Ajoutez un peu de lait si besoin, et du fromage pour encore plus d'amour.

Dressez chaque cordon bleu avec une bonne dose de purée, et éventuellement une petite salade de sucrine bien assaisonnée. Servez avec la purée de piment dans un ramequin sur la table, à utiliser comme un condiment pour relever le cordon bleu.

Spicy egg pita sandwich

Ella Aflalo   Yima, Marseille

Un lendemain de soirée, je me suis levée assez tôt. Désirant faire plaisir à ma moitié, j'ai eu l'idée de faire un petit déjeuner au lit. Emparée d'une flemme de ressortir dans le froid parisien et avec plus grand chose dans le réfrigérateur, j'ai décidé de faire une simple brouillade. Mais je trouvais ça trop simple et j'ai eu l'idée d'ajouter du piment. Encore bien embrumée, j'ai très mal dosé le piment et c'était hyper fort… Il m'a avoué des années plus tard que ça avait été un calvaire à manger ! Petite revanche sur la recette ratée, voici un bon sandwich à l'œuf (juste assez) pimenté.

10 min
Pour 1 personne

1 pita
3 œufs
1 échalote
1 petit piment frais
1 branche de coriandre
1 branche de menthe
1 branche de persil
3 pincées de za'atar
100 ml de crème liquide
25 g beurre
Huile d'olive
Sel et poivre du moulin

Épluchez et coupez l'échalote. Faites-la revenir dans une poêle avec un peu d'huile d'olive et le piment (l'équivalent d'une phalange, sinon danger…). Cassez trois œufs dans la poêle comme si vous vouliez faire des œufs au plat et brouillez-les assez rapidement en laissant des gros morceaux. Versez la crème liquide et le beurre. Assaisonnez de sel, poivre et za'atar.

Effeuillez et mélangez les herbes dans un bol. Toastez la pita au grille-pain ou au four. Ouvrez-la en deux et garnissez-la de brouillade puis du mélange d'herbes. Dégustez !

CR'Q

Jody Williams — Buvette, Paris

Avec cette recette, j'ai voulu exprimer toute la richesse et la générosité de ce grand classique de la gastronomie notamment en utilisant des ingrédients traditionnels de qualité. Le CR'Q (tel que nous l'orthographions à Buvette) est disponible à toute heure, c'est un plat gourmand particulièrement plébiscité lors des brunchs, des lendemains de fête mais aussi le soir tard, après 23 heures. Nous le déclinons en CR'Q forestier pour les végétariens ou en CR'Q madame pour une version encore plus décadente.

25 min
Pour 4 personnes

8 tranches de pain
8 tranches de jambon blanc
1 cuil. à café d'herbes de Provence
2 cuil. à soupe de moutarde à l'ancienne
100 g de Gruyère râpé
Huile d'olive
Sel

Béchamel
2 cuil. à soupe de farine
1 noix de muscade
180 ml de lait entier
2 cuil. à soupe de beurre doux
Gros sel

Préchauffez le four à 220°C. Préparez une plaque de cuisson avec du papier sulfurisé.

Préparez la béchamel. Commencez par râper la noix de muscade pour obtenir ½ cuil. à café de noix de muscade fraîchement râpée. Puis mélangez le beurre, la farine et la noix de muscade dans une casserole à feu moyen. Ajoutez le lait petit à petit. Faites cuire environ 3 min, en remuant à l'aide d'une cuillère en bois jusqu'à ce que le mélange s'épaississe et commence à se détacher des parois de la casserole. Continuez jusqu'à ce que le mélange colle à la cuillère, avec une certaine élasticité. Retirez la béchamel du feu et assaisonnez de gros sel.

Mélangez la béchamel avec la moutarde et étalez les tranches de pain en faisant attention à bien aller jusqu'aux bords. Sur la moitié de ces tranches de pain recouvertes de béchamel, ajoutez deux tranches de jambon puis 2 cuil. à soupe de Gruyère. Refermez le croque-monsieur avec les autres tranches de pain en laissant le côté recouvert de béchamel sur le dessus de la tranche supérieure. Placez chaque croque-monsieur sur la plaque de cuisson. Assaisonnez-les avec une pincée d'herbes de Provence et 2 cuil. à soupe de Gruyère. Enfournez environ 10 min jusqu'à ce que le fromage soit entièrement fondu et commence à griller.

Un conseil : Vous pouvez varier les plaisirs avec un CR'Q madame en ajoutant un œuf au plat sur le dessus, comme un chapeau. Vous pouvez également faire un CR'Q forestier en remplaçant le jambon par une poignée de champignons grillés avec de l'huile d'olive, sel, sauge et romarin.

Linguine cacio e pepe

Julien Cohen

Les Cailloux, Paris

Lors d'un mariage bien arrosé, soudain me prend un besoin irrépressible de faire une pause et pourquoi pas de piquer un somme quelques minutes, histoire de me ressaisir avant de repartir fringuant jusqu'au petit matin. Je quitte donc le lieu de la fête... Une heure plus tard, ma femme et mes potes ont constaté ma disparition et se mettent à ma recherche, en vain. Une battue générale s'organise alors autour de la maison, hélas sans succès. L'angoisse et l'inquiétude les gagnent quand soudain je refais surface et j'émerge d'une longue sieste entreprise au milieu d'un champ de roseaux où j'avais trouvé refuge à l'abri de tous. Sain, sauf et retapé, nous allons donc boire un verre et manger un morceau pour fêter ça !

20 min
Pour 4 personnes

500 g de linguine
100 g de pecorino romano
80 g de pecorino siciliano au poivre
120 ml de crème liquide
2 poignées de gros sel gris de Guérande
Poivre du moulin

Dans un faitout, portez à ébullition de l'eau avec le gros sel. Jetez les linguine et faites-les cuire selon les indications sur le paquet afin qu'elles soient al dente.

Pendant ce temps, râpez les fromages. Dans une poêle, faites chauffer la crème et poivrez généreusement. La crème doit rester liquide. 1 min avant la fin recommandée de la cuisson des pâtes, réservez deux louches d'eau de cuisson dans un bol. Égouttez rapidement les pâtes et ajoutez-les à la poêle. Commencez à mélanger.

Hors du feu, ajoutez les fromages râpés. Continuez à remuer jusqu'à ce que la préparation devienne crémeuse. Ajoutez l'eau de cuisson pour lier le tout. Poivrez et mélangez. Servez aussitôt en finissant par un dernier tour de moulin à poivre.

Un conseil : ce plat se marie parfaitement avec un Bloody Mao pour se remettre de la veille (sake, jus de tomate, wasabi, sauce soja et condiments).

Bifana

Simone Tondo — Racines, Paris

Il m'arrive d'aller à Bruxelles car j'ai un très bon ami là-bas : Giuseppe, que l'on appelle « Peppe ». D'ailleurs, c'est Giovanni Passerini qui me l'a présenté et je l'en remercie car c'est un grand homme, généreux, plein de vie et qui a un bon sens de la fête. Avec Giovanni, on rend visite à Peppe de temps en temps. À côté de sa maison, il y a un petit food truck qui sert des bifanas de compète avec des bières bien fraîches. C'est le meilleur endroit pour se remettre de son hangover - ou bien pour le prolonger !

30 min — 1 nuit
Pour 2 personnes

2 petits pains blancs
200 g d'escalopes de porc
2 gousses d'ail
1 oignon
½ feuille de laurier
1 cuil. à café de paprika
30 ml de vinaigre blanc
240 ml de vin blanc
2 cuil. à café de sauce piri-piri
Moutarde
Huile d'olive
Sel

Mélangez les gousses d'ail hachées, deux pincées de sel, ½ cuil. à café de paprika, 1 cuil. à café de sauce piri-piri, le vinaigre, 120 ml de vin blanc et le laurier dans un grand sac congélation ou un récipient hermétique. Découpez les escalopes de porc en tranches de 3 mm. Ajoutez-les à la marinade, mélangez bien et laissez reposer toute la nuit (si vous manquez de temps laissez mariner au moins 3 h).

Faites chauffer 1 cuil. à café d'huile d'olive dans une poêle à frire à feu moyen. Retirez le porc de la marinade, égouttez-le et faites-le frire pendant environ 1 min de chaque côté jusqu'à ce que les escalopes soient légèrement dorées, puis mettez-les de côté. Lorsque les escalopes sont cuites, déglacez la poêle avec le vin restant et ajoutez le reste du paprika et de la sauce piri-piri.

Portez à ébullition puis réduisez la sauce. Ajoutez le porc et laissez cuire pendant encore 1 min, en mélangeant constamment pour bien l'enrober de sauce.

Ciselez l'oignon grossièrement, puis faites-le revenir dans une autre poêle à frire avec 2 cuil. à café d'huile d'olive jusqu'à ce qu'ils blondissent et caramélisent.

Servez le porc avec les oignons dans les petits pains blancs (idéalement de type papo seco, mais n'importe quel petit pain fera l'affaire) avec de la moutarde douce et un peu de sauce piri-piri supplémentaire.

Fried egg noodles

Kristin Frederick GreenHouse, Paris

Pour le réveillon 2017, nous avons décidé de fêter cette soirée en petit comité, avec juste deux couples. La soirée a commencé doucement, peut-être un peu trop doucement... Vers minuit, on se réveille et le vin se transforme en gnôle. On a chanté, on a dansé et on a pris cher le lendemain. Pas de problème, j'avais tout ce qu'il fallait dans le placard pour faire ce petit plat de nouilles sautées. Encore mieux qu'un médicament - mais j'avoue que j'en ai aussi pris quelques-uns ce jour-là. Ce plat pour les lendemains difficiles est d'une facilité extrême, mais surtout qu'est-ce que c'est bon ! Du salé, du gras et un peu de piment : tout ce que l'on cherche après une soirée chargée.

20 min
Pour 1 personne

100 g de ramen ou de nouilles
1 œuf
2 gousses d'ail
3 cébettes
1 morceau de gingembre
1 branche de coriandre
Graines de sésame
2 cuil. à soupe d'huile de tournesol
Huile pimentée
Gros sel

Sauce soja-sésame
1 cuil. à café de sucre
1 cuil. à café de sauce soja
1 cuil. à soupe de vinaigre de riz
1 cuil. à café d'huile de sésame

Dans un petit bol, mélangez tous les ingrédients de la sauce soja-sésame.

Faites cuire les nouilles en suivant les indications sur le paquet. Coupez les cébettes et séparez le blanc du vert.

Chauffez l'huile de tournesol dans un wok ou une poêle, ajoutez un bon morceau de gingembre épluché et haché, l'ail haché et le blanc des oignons nouveaux. Salez avec du gros sel. Ajoutez les nouilles cuites et faites-les sauter 2 min. Retirez du feu et ajoutez la sauce soja-sésame.

Faites chauffer une poêle antiadhésive sur feu moyen et toastez les graines de sésame jusqu'à ce qu'elles colorent légèrement. Réservez. Ajoutez un peu d'huile dans la poêle puis cassez l'œuf pour obtenir un œuf au plat.

Garnissez les nouilles sautées avec l'œuf, le vert des oignons nouveaux, quelques graines de sésame toastées, l'huile pimentée et la coriandre effeuillée. Miam !

Burger pampa

Juan Arbelaez   Plantxa, Boulogne-Billancourt

Quand j'ai ouvert mon premier restaurant, Plantxa, je bossais 7 jours sur 7 et je faisais absolument tout là-bas : je dormais dans l'épicerie, je sortais dans mon bar, je travaillais dans ma cuisine. Les lendemains de fêtes bien arrosées, ma seule sortie de secours, mon gilet de sauvetage c'était ce burger pampa généreux, gourmand et coquin qui me sortait de mes souffrances.

1 h 40 min
Pour 4 personnes

4 pains à burger
720 g de steak haché
4 œufs
4 cuil. à café de mayonnaise
Huile d'olive

Sauce pampa
200 g de chorizo
2 tomates
1 carotte
1 branche de céleri
1 gousse d'ail
1 oignon
1 bouquet de basilic
2 verres de vin blanc

Ketchup
2 tomates
48 g de miel
100 ml de vin blanc

+ d'ingrédients page suivante

Préchauffez le four à 180°C.

Commencez par la sauce pampa. Ciselez l'oignon et faites-le revenir avec le chorizo pendant 15 min à feu doux. Déglacez au vin blanc. Puis ajoutez l'ail écrasé, le céleri haché, la carotte émincée, la tomate concassée et le basilic ciselé. Laissez mijoter pendant 45 min.

Dans une poêle, saisissez les steaks des deux côtés avec un filet d'huile d'olive, en gardant une cuisson bien bleue. Disposez-les sur une plaque adaptée au four. Dans la même poêle, faites colorer les tranches de pain des deux côtés, puis disposez-les sur la même plaque que les steaks.

Pour les pickles, faites bouillir le vinaigre et le miel puis versez ce liquide sur la courgette. Laissez refroidir. Quant au ketchup, portez le miel à ébullition pour le caraméliser puis ajoutez la tomate découpée en morceaux et déglacez au vin blanc, laissez cuire 5 min.

Dressez en tartinant une généreuse cuillère de mayonnaise (faite maison de préférence) puis une cuillère équivalente de ketchup la moitié des tranches de pain. Disposez ensuite le steak sur les sauces et ajoutez un peu de fleur de sel puis deux grosses cuillères de sauce pampa et un peu de basilic frais.

Suite →

Pickles
1 courgette
1 cuil. à soupe de miel
200 ml de jus de cornichon

Finitions
200 g de roquette
200 g de pousses de moutarde
1 bouquet de persil
100 ml de vinaigrette
Parmesan
Fleur de sel

Dans une poêle avec un filet d'huile d'olive, faites cuire l'œuf au plat et disposez-le sur le montage. Passez 1 min au four, puis sortez le tout, en ajoutant de la fleur de sel sur l'œuf. Refermez délicatement le burger.

Dressez avec une salade de roquette, pousses de moutarde et persil, et assaisonnez avec la vinaigrette. Râpez du parmesan par-dessus puis dégustez !

Pâtes au ketchup basque

Julien Duboué — Boulom, Paris

Lorsque j'étais plus jeune et que je sortais jusqu'à tard avec mes copains, j'avais pour habitude de me faire des pâtes au ketchup en rentrant, ou le lendemain matin.

Mais je suis depuis devenu chef et mes compétences culinaires sont autres, j'ai donc amélioré ce plat pour conjurer le hangover en créant les « pâtes au ketchup basque ».

10 min
Pour 2 personnes

200 g de pâtes
Sel

Ketchup basque
150 g de concentré de tomates
½ cuil. à café de piment d'Espelette
2 cuil. à soupe de vinaigre de Xérès
3 cuil. à soupe d'huile d'olive

Mélangez tous les ingrédients pour faire le ketchup basque.

Faites bouillir de l'eau salée pour cuire des pâtes al dente. Une fois cuites, ajoutez le ketchup basque à votre plâtrée. Dégustez.

PIMENT
D'ESPELETTE
AOP
40g

Meatball sub

Jérémie Kanza — Balls, Paris

Un samedi midi, au lendemain d'une soirée bien arrosée, j'étais chez Balls en cuisine pour remplacer mon chef qui était en vacances. Vient évidemment l'heure du repas du personnel après le service. Étant dans le mal tout comme l'équipe de salle avec laquelle la soirée arrosée avait été partagée la veille, je décide de faire des meatball subs. Nous avons donc pris comme base nos balls de veau avec des oignons caramélisés et de la sauge. Nous ne voulions pas de sauce tomate, ni de salade, j'ai donc fait un chimichurri pour accompagner les balls. Puisque cela ne nous suffisait pas, et qu'il manquait l'ingrédient clé d'un lendemain de cuite (du fromage !), nous avons ajouté de la scamorza fumée. Le voyage fut intense - entre les touches sucrées des oignons, la tendresse du veau, la sauge qui apporte un long goût en bouche, le chimichurri qui vous donne l'impression d'être sain, la scamorza fumée délicieusement fondante, le tout s'écrasant dans le coffre d'une baguette tradition chauffée au four...

30 min
Pour 1 personne

1 baguette tradition
Scamorza *(à volonté)*

Chimichurri
½ cm de piment rouge
1 bouquet de coriandre
1 bouquet d'origan
1 bouquet de persil
50 ml de vinaigre de vin
150 ml d'huile d'olive
Sel et poivre du moulin

Boulettes
50 g de pain de mie
200 g de veau haché
1 œuf
1 oignon
1 bouquet de sauge
3 cuil. à soupe de sucre
500 ml de lait
Huile de tournesol
Sel et poivre du moulin

Préparez la sauce chimichurri en ciselant finement les trois bouquets d'herbes. Mélangez avec les ingrédients restants ainsi qu'une pincée de sel et de poivre puis laissez mariner 30 min.

Pendant ce temps, trempez le pain de mie dans le lait afin qu'il soit bien imbibé. Préchauffez le four à 180°C.

Ciselez l'oignon très finement. Dans une poêle, faites brunir le sucre, puis ajoutez les oignons. Faites revenir jusqu'à ce qu'ils soient bien caramélisés et réservez.

Dans un saladier, mélangez à la main la viande, l'œuf, le pain de mie égoutté, la sauge préalablement ciselée, le sel, le poivre et les oignons. Formez des boulettes de 50 g chacune.

Dans une poêle, ajoutez un peu d'huile de tournesol et dorez les boulettes 1 min de chaque côté. Déposez-les sur un plat et enfournez pendant 8 min. Ajoutez la baguette tradition en fin de cuisson pendant 1 min. Étalez le chimichurri dans la baguette fendue en deux, ajoutez les boulettes et râpez la scamorza sur le sandwich. Dévorez aussitôt.

Hampe de porc au barbecue, sauce cochon

Éric Ospital

Louis Ospital, Hasparren

J'ai imaginé cette recette après une grande soirée bien arrosée au rhum chez mon pote Joey Starr (passionné lui aussi de gastronomie).
Nos conversations m'ont donné plein d'idées.
Le lendemain j'étais à la recherche d'acidité et de fraîcheur. Nous avions justement parlé d'une pièce de viande exceptionnelle, la hampe de cochon. C'est une pièce rare, mais ô combien gustative, à cuire surtout saignante. Selon moi, c'est une viande à prélever uniquement sur des cochons « vieux », ou bien lourds et gras. Un lendemain de soirée, il n'y a rien de plus savoureux !

25 min
Pour 4 personnes

800 g de hampe de porc
Sel et poivre du moulin

Sauce cochon
2 tomates
Le jus d'1 citron
1 gousse d'ail
2 oignons nouveaux
1 bouquet de persil plat
2 cuil. à café de piment d'Espelette
1 cuil. à café de vinaigre d'alcool blanc
150 ml d'huile de tournesol
Sel et poivre du moulin

Finitions *(facultatif)*
1 salade
2 tomates
100 ml de vinaigrette

Préparez la sauce cochon. Épluchez l'ail et l'oignon, hachez-les ainsi que le persil. Épépinez les tomates et concassez-les. Rassemblez le tout dans un bol. Salez, pimentez, ajoutez le jus de citron, l'huile et le vinaigre. Mélangez bien.

Saisissez la hampe de porc 3 min sur chaque face, sur une poêle ou idéalement au barbecue avec des braises bien chaudes. Salez et poivrez en fin de cuisson.

Un conseil : dégustez la viande nappée de sauce cochon avec une belle salade verte à la tomate.

HAITI

Moules thaï-rish

Sokunthear Vong — Aux Deux Amis, Paris

Je n'avais que de la Guinness dans mon réfrigérateur mais cette recette (que l'on a baptisée les moules thaï-rish !) marche avec n'importe quelle bière, du cidre ou même du vin blanc. J'adore manger ce plat en lendemain de cuite. Je l'ai fait pour la première fois le jour de l'anniversaire de mon ancienne copine, on avait organisé un barbecue. J'avais oublié de faire mariner des travers de porc à la citronnelle la veille, parce que j'étais de sortie... Je suis donc descendu chez le poissonnier pour acheter un sac de moules et j'ai utilisé les ingrédients de la marinade. Le tour était joué.

40 min
Pour 2 personnes

1 pain de campagne
400 g de moules
2 gousses d'ail
2 g de gingembre
1 bâton de citronnelle
20 feuilles de basilic thaï
1 piment oiseau
2 cuil. à café de cassonade
400 ml de Guinness
2 cuil. à café de nuoc-mâm
1 noix de beurre
2 cuil. à soupe d'huile

Hachez la citronnelle, le gingembre, une gousse d'ail et le piment. Faites revenir à feu doux une casserole avec l'huile, la cassonade et le nuoc-mâm. Augmentez le feu une fois que ça prend.

Mélangez les moules, le beurre, la Guinness et la moitié des feuilles de basilic dans un bol. Versez le tout dans la casserole puis couvrez et laissez mijoter jusqu'à l'ouverture des moules.

Surveillez les moules. Une fois ouvertes, ajoutez le reste des feuilles de basilic puis servez.

Accompagnez ce plat de tranches de pain de campagne grillées et frottées avec de l'ail pour saucer le jus pimenté à la bière !

STAUB

Omelette à la truffe

Bertrand Auboyneau   Bistrot Paul Bert, Paris

C'était une nuit fraîche du mois de février, avec ma femme Gwenaëlle et deux compères, Michel Picart la star de la bistronomie des années 90 (Chez Astier, Le Villaret) et le grand Rodolphe Paquin du Repaire de Cartouche. Nous finissons la tournée des restaurants du quartier, tous sont fermés. Il est 3 heures du matin, on n'a clairement plus soif mais pas encore envie de rentrer. L'air est très frais mais de canon en canon nous sommes très chauds. L'un d'entre nous, je ne sais pas lequel, braille : « j'ai faim, il n'y a qu'à rouvrir le Paul Bert ! ». Aussitôt dit, aussitôt fait. La porte à peine refermée, un magnum de La Sagesse du Domaine Gramenon sur la table, les verres s'entrechoquent, Rodolphe se précipite en cuisine. Il explose de rire et crie : « il y a des œufs et des truffes, je m'en occupe ». Je l'entends casser et battre les œufs, râper la truffe, l'odeur se répand... Catastrophe : la porte du restaurant s'ouvre et trois policiers de la BAC de nuit envahissent la salle, brassards aux bras. Rappelez-vous qu'à Paris, la fermeture légale et obligatoire d'un restaurant est 2 heures du matin. La discussion s'engage sèchement : « messieurs, vous devez fermer immédiatement, vous avez vu l'heure, en plus vous semblez avoir bu... » – « évidemment qu'on a bu, on est dans un restaurant ! ». La réponse ne leur semble pas satisfaisante et les voilà en train de nous demander nos pièces d'identités pour dresser un procès-verbal. Pendant ce temps l'odeur de la truffe envahit le restaurant, le beurre chante dans la poêle... Nos fonctionnaires semblent peu à peu déstabilisés : « ça sent bon ! » – « c'est de la truffe » dit l'un... – « j'en ai jamais mangé » dit l'autre... À cet instant, le grand Rodolphe, impérial, sort de la cuisine avec une énorme omelette et avec sa voix tonitruante lance : « finalement je vois qu'on est six, ça tombe bien j'ai mis 500 grammes de truffe ». Quelques secondes de silence et celui qui semble être le chef du groupe se tourne vers ses collègues et dit : « ça ne se refuse pas... mais après vous fermez ! ». Ils nous ont raconté leurs nuits, parfois drôles, souvent dangereuses, et nous les nôtres. D'anecdote en anecdote l'heure a tourné, les radios posées sur la table n'ont pas sonné, il est 5 heures Paris s'éveille ! Un dernier café et le tour est joué...

10 min
Pour 6 personnes

24 œufs
500 g de truffe
1 noix de beurre
Sel et poivre du moulin

Cassez les œufs dans un bol, assaisonnez et fouettez légèrement à la fourchette. Râpez la truffe en fines tranches sur les œufs, en en gardant un peu pour le dressage. Faites chauffer une poêle avec un peu de beurre. Versez le mélange d'œufs et remuez constamment avec une cuillère en bois pendant environ 5 min à feu doux pour une omelette baveuse. Laissez cuire 3 min supplémentaires si vous préférez une omelette plus ferme. Ajoutez quelques tranches de truffe et dégustez.

LE BISTROT
PAUL BERT

Pasta aglio e peperoncino

Giuseppe Messina   Pane e Olio, Paris

En Sicile à Cefalù, les soirées se terminent au bar La Villa, ouvert toute la nuit. C'est le point de rencontre avant de rentrer se coucher. À 6 heures du matin, c'est arancini, calzone, sfincione, panini con panelle ou encore un bon plat de pâtes ! Alors à Paris, au petit matin, je prépare pour mes amis la pasta aglio (ail) e peperoncino (petit piment). C'est mon secret pour les lendemains difficiles !

20 min
Pour 4 personnes

480 g de spaghetti
4 gousses d'ail
1 cuil. à soupe de persil
3 petits piments rouges secs *(ou 2 pincées de piment d'Espelette)*
Pecorino *(à volonté)*
300 ml d'huile d'olive
Fleur de sel
Poivre du moulin

Faites cuire les pâtes dans un grand volume d'eau salée.

Épluchez, dégermez et écrasez les gousses d'ail. Coupez le piment rouge en tout petits morceaux. Nettoyez et ciselez le persil. Versez l'huile d'olive dans une poêle. Ajoutez l'ail et le piment, et faites revenir quelques minutes.

Une fois que les pâtes sont al dente, égouttez-les puis ajoutez-les à la poêle. Faites revenir le tout en mélangeant environ 7 min à feu moyen. Ajoutez 1 cuil. à soupe d'eau de cuisson des pâtes et remuez.

Servez avec un peu de persil ciselé et râpez du pecorino. Bon appétit !

Veggie chili et cornbread

Sonia Guerrero — Echo Deli, Paris

Soirée entre filles à la maison, au programme : boire des cocktails puis discuter de la vie, de voyages, d'inspirations, de garçons... et bien sûr se déguiser. On est toutes habillées comme nos icônes préférées des années 90 (Courtney Love, Rachel Green, etc.) lorsqu'on se rend compte que le chat d'une de mes copines a disparu. On se lance donc à la recherche du chat. On frappe à la porte du voisin pour lui demander s'il a vu Skittles, mais avant de pouvoir dire quoi que ce soit, le vieil homme revient avec quelques boîtes de haricots, une citrouille et des bonbons. Il nous dit : « je suis désolé, je pensais qu'Halloween était dans deux semaines, donc c'est tout ce que j'ai », puis nous claque la porte au nez. Je regarde ma copine habillée en Gwen avec ses cheveux bleus et on éclate toutes de rire.
On retourne à l'appartement pour se retrouver devant un réfrigérateur vide, à l'exception du cornbread de « Mama Giga » et des ingrédients obtenus grâce au voisin. On a fait ce pain au maïs avec un veggie chili et c'était un régal !

35 min
Pour 2 personnes

Cornbread
- 2 cuil. à soupe de farine
- 4 cuil. à soupe de farine de maïs
- ¼ de cuil. à café de bicarbonate alimentaire
- 1 œuf
- 2 cuil. à soupe de sucre
- 3 cuil. à soupe de crème fraîche
- 3 cuil. à soupe de beurre
- 1 pincée de sel

Veggie chili
- 200 g de haricots cuits *(blancs, rouges et pinto)*
- 100 g de citrouille

+ d'ingrédients page suivante

Commencez par préparer le cornbread. Faites fondre le beurre et mélangez-le dans une tasse à café avec le sucre. Ajoutez le reste des ingrédients et mélangez. Faites cuire au micro-ondes environ 5 min selon l'intensité du micro-ondes, ou au four à 180°C pendant 15 min.

Pour le chili, préchauffez le four à 220°C. Découpez la citrouille en morceaux, faites-la rôtir au four pendant 10 min. Hachez l'oignon et le demi-poivron et faites-les revenir dans une poêle avec un peu d'huile jusqu'à ce qu'ils soient bien ramollis. Ajoutez les épices et l'ail écrasé. Continuez la cuisson pendant 3 min. Ajoutez les tomates en conserve, laissez cuire encore 15 min. Ajoutez ensuite les haricots et la citrouille et laissez mijoter 5 min supplémentaires.

Servez le veggie chili avec le cornbread à côté et garnissez le tout de dés de tomate fraîche, d'échalote coupée finement, de coriandre effeuillée, de crème aigre et de cheddar râpé.

200 g de tomates
italiennes entières
pelées en conserve
½ poivron jaune
1 gousse d'ail
1 oignon
¼ de cuil. à café de
coriandre moulue
¼ de cuil. à café de cumin
¼ de cuil. à café de paprika
1 pincée de cannelle
Huile d'olive

Finitions
½ tomate
½ échalote
1 branche de coriandre
Cheddar râpé *(à volonté)*

Double-decker potato tacos

Ludo Lefebvre   Petit Trois, Los Angeles

Quand j'ai ouvert Trois Familia avec Jon et Vinny, on voulait imaginer un plat aux saveurs françaises et mexicaines. Il y a tout ce qu'il faut pour un lendemain de soirée : des pommes de terre au beurre bien réconfortantes, de la texture avec la double épaisseur des tacos, et une pointe d'acidité pour équilibrer et réveiller le tout comme il faut. La grande critique culinaire Besha Rodell disait même que notre restaurant était le « best hangover spot » de Los Angeles.

1 h
Pour 2 personnes

4 petites tortillas de blé
4 coquilles à tacos de maïs
220 g de pommes de terre
1 citron vert
2 gousses d'ail
6 cuil. à soupe de fromage râpé
30 g de crème épaisse
40 g de beurre
Sel
Poivre blanc

Pico de gallo
1 carotte
½ tomate
¼ d'oignon rouge
¼ de piment serrano
10 feuilles de coriandre

Pour préparer le pico de gallo, râpez la carotte, émincez la coriandre et le piment, taillez en brunoise la tomate et l'oignon. Mélangez le tout et réservez.

Épluchez les pommes de terre puis couvrez-les d'eau froide dans une casserole. Portez à ébullition et laissez mijoter jusqu'à ce qu'elles soient tendres, environ 25 min. Pendant ce temps, hachez l'ail finement et faites-le revenir à feu doux avec le beurre pendant 10 min. Ajoutez la crème, portez à ébullition et retirez du feu. Une fois cuites, égouttez puis écrasez grossièrement les pommes de terre en incorporant la crème aillée. Assaisonnez de sel et de poivre blanc puis réservez au chaud.

Dans des poêles antiadhésives à feu doux, déposez les quatre tortillas saupoudrées de fromage râpé. Lorsque que le fromage a fondu, éteignez le feu et placez les quatre coquilles à tacos sur chacune des tortillas au fromage et collez-les ensemble pour former des tacos à double épaisseur.

Pâtes au butternut et aux huîtres

Thomas Chevrier   L'Orillon Bar, Paris

Voici une anecdote racontée du point de vue de Jeannot, l'un des serveurs de L'Orillon Bar, victime d'une gueule de bois douloureuse dont j'ai été témoin : Réveil comateux ! Ça tangue, j'ai le cerveau en coton. Je m'habille à tâtons. J'ai trop bu cette nuit et je ne me souviens plus de grand-chose... Je suis en retard pour aller au travail, même pas le temps d'allumer la lumière, je pars en coup de vent de chez moi. Arrivé au bistrot, j'arrive quand même à bosser. À l'ouest, mais je tiens. Thomas nous a concocté une recette qui a de quoi redonner du cœur au ventre. Rien que les effluves du basilic, ça vous chasse la gueule de bois. Des pâtes pour bien caler l'estomac, des huîtres pour requinquer... Je retrouve tout de suite un peu d'aplomb. Mais, mon portable se met à sonner. C'est la messagerie. Une voix de femme. Plusieurs messages, de plus en plus excédés : « J'ai passé une super soirée avec toi. Mais t'es où ? Parti nous chercher des croissants ? C'est trop chou ! Mais tu m'as enfermée et je dois partir à un casting hyper important ! ». Puis : « J'y crois pas ! Tu m'as zappée ? C'est ça ? Quel mufle ! T'étais tellement beurré cette nuit, t'embrassais même les réverbères dans la rue ! ». Et le dernier : « J'ai retourné ton appart : j'ai trouvé un double des clefs et une enveloppe pleine de billets. Je me suis servie ! » L'enveloppe, c'était le cadeau d'anniversaire de mes potes du bistrot, pour m'acheter un vélo...

40 min
Pour 4 personnes

400 g de linguine
24 huîtres
500 g de butternut
1 citron
2 oignons jaunes
½ bouquet de basilic
50 g d'amandes effilées
1 verre de vin blanc
1 noix de beurre
Sel et poivre du moulin

Pelez et coupez les oignons et le butternut. Faites suer les oignons avec une noix de beurre, ajoutez le butternut et salez. Ajoutez ensuite le vin blanc puis augmentez le feu pour faire évaporer l'alcool. Versez juste assez d'eau pour recouvrir les aliments, laissez mijoter 30 min.

Ouvrez et décoquillez les huîtres. Posez-les dans une passoire pour récupérer leur eau. Ajoutez l'eau des huîtres à la sauce. Effeuillez le basilic puis coupez-le en petits morceaux. Torréfiez les amandes effilées à 150°C pendant quelques minutes, jusqu'à ce qu'elles soient dorées.

Faites cuire les linguine al dente.

Mixez et assaisonnez la sauce, versez-la sur les pâtes dans une assiette creuse, ajoutez les huîtres, le zeste et le jus du citron, le basilic et les amandes. Dégustez.

INOX
FRANCE

Galette complète oignons

Bertrand Larcher La Table Breizh Café, Paris

Je n'ai pas vraiment d'anecdote particulière sur la gueule de bois, mais mon seul conseil, c'est de ne jamais mélanger le sake et le champagne...

25 min *4 h*
3 personnes

3 œufs fermiers
120 g de jambon blanc
120 g de Comté râpé
30 g de beurre demi-sel Bordier

Pâte à galettes
125 g de farine de sarrasin bio
185 ml d'eau filtrée
1 pincée de gros sel de Guérande

Chutney d'oignons
300 g d'oignons jaunes
15 g de sucre
6 ml de vinaigre balsamique
18 ml d'huile d'olive
1 g de sel

Préparez la pâte à galettes. Mélangez la farine de sarrasin, 125 ml d'eau et le sel de Guérande. Travaillez le tout à la main pour obtenir un pâton souple et bien aéré. Des bulles doivent apparaître en surface. Laissez reposer au moins 3 h au frais, idéalement 12 h. Ajoutez ensuite les 60 ml d'eau restants et, si possible, sortez la pâte du réfrigérateur au moins 1 h avant la cuisson des galettes. Elle doit être à température ambiante.

Préparez le chutney d'oignons. Épluchez les oignons et émincez-les finement en tranches régulières. Faites chauffer une sauteuse à feu moyen et ajoutez l'huile d'olive. Quand l'huile est bien chaude, ajoutez les oignons et le sel. Laissez suer. Quand les oignons paraissent fondants, ajoutez le sucre et le vinaigre balsamique. Laissez cuire à feu vif jusqu'à évaporation des liquides.

Faites fondre le beurre demi-sel et réservez-le dans un ramequin. Chauffez une crêpière à 250°C, ou une poêle à crêpes. Pour chaque crêpe, versez 125 ml de pâte à galettes et étalez-la de façon homogène. Utilisez un pinceau de cuisine pour étaler du beurre fondu sur l'intérieur de la galette. Cassez un œuf au centre et étalez le blanc à l'aide de la spatule. Ajoutez le Comté râpé autour du jaune d'œuf. Disposez 50 g de chutney d'oignons puis ajoutez le jambon (j'utilise celui de Bleu-Blanc-Cœur) et laissez cuire. Les bords de la galette vont commencer à se soulever. Utilisez une spatule en inox pour effectuer le pliage en forme de carré. Toujours à l'aide d'un pinceau de cuisine, étalez du beurre fondu sur les bords de galettes rabattus. Répétez l'opération deux fois supplémentaires. Servez et dégustez !

Naan et poulet au curry

Numa Muller   Arles

C'est chez moi à Arles qu'un matin, après une nuit sans sommeil bien arrosée de vin nature au Gibolin, j'ai attaqué la mise en place en cuisine. J'avais de la pâte à naan, je me suis fait un poulet grillé avec du curry et en faisant le fond du réfrigérateur j'ai ajouté des tomates, de la salade et un yaourt. De quoi affronter la journée le ventre plein…

40 min 2 h
Pour 3 personnes

Pâte à naan
250 g de farine
½ cuil. à soupe de levure chimique
250 g de yaourt

Poulet au curry
2 blancs de poulet
1 gousse d'ail
3 g de gingembre
1 piment oiseau
2 branches de coriandre
2 branches de persil
2 cuil. à café de curry en poudre

Sauce yaourt
1 citron vert
250 g de yaourt grec
Sel et poivre du moulin

Finitions
2 tomates
2 branches de coriandre

Préparez la pâte à naan. Mélangez tous les ingrédients à l'aide d'un batteur à crochet. Laissez reposer 2 h couvert d'un linge humide.

Dans un mortier, mélangez l'ail pelé, le gingembre pelé, le piment et le curry jusqu'à obtention d'une pâte (ça fait transpirer les mauvaises toxines !). Ajoutez les herbes effeuillées et continuez jusqu'à obtention d'un mélange homogène. Taillez les blancs de poulet en fines lanières, mélangez-les dans cette pâte au curry.

Coupez le citron vert en deux, réservez une moitié pour le dressage. Zestez l'autre et prélevez-en son jus. Mélangez avec le yaourt grec et assaisonnez de sel et de poivre.

Étalez la pâte à naan avec de la farine pour éviter qu'elle ne colle, et divisez-la en trois. Utilisez un rouleau à pâtisserie pour la façonner, afin d'obtenir trois cercles assez plats d'une vingtaine de centimètres (un peu comme des pizzette). Faites-les cuire sur la grille d'un barbecue ou à la poêle. Faites ensuite griller les lanières de blancs de poulet de la même manière.

Sur chaque naan, mettez les blancs de poulet au centre, ajoutez la sauce au yaourt, les tomates tranchées en rondelles, les feuilles de coriandre et quelques gouttes de jus du demi-citron vert restant. Roulez et dégustez !

Oeufs brouillés-Comté

Yannick Tranchant   L'Escargot 1903, Puteaux

C'est un jeudi soir comme les autres. En cuisine tout est fluide. Valentin aux cuissons, Maxime au dressage, moi au passe, les plats sortent, propres, dans le calme. En salle, Nicolas et Alex jouent de leur charme et de leur talent pour faire vivre à chacun de nos clients une expérience unique. C'est un service comme les autres que l'on clôture autour d'un verre tous ensemble pour débriefer de la journée. Un verre que l'on a pour habitude de partager avec les copains venus pour le dîner : « un dernier et on rentre ! ». C'est sans compter sur nos trois derniers invités… Alors que l'on finit gentiment notre verre et que l'on se décide à rentrer, le premier nous dit : « attendez, j'ai apporté de la tequila ». Nous, polis, sans vouloir vexer personne, on accepte de la goûter : « un dernier et on rentre ! ». Contre toute attente, le deuxième intervient : « tequila, ok. En revanche, je vous montre comment ça se boit ». Il se lève, part quelques minutes derrière le bar et revient avec un plateau : demi-tranche de citron, sucre en poudre et café moulu. Les huit shots servis, il tend à chacun une demi-tranche qu'il trempe d'un côté dans le sucre, l'autre dans le café. Il faut boire son shot cul sec et sucer la tranche de citron. Trop bon. Rien à voir avec la tequila citron sel dégoûtante servie dans les bars. Un bonbon. On tombe la tequila. Puis la cachaça. Puis le rhum. « Un dernier et on rentre ? » Tu parles… Ça danse ! C'est beau ! Y a d'la vie ! Tellement que le boulanger d'à côté nous apporte les croissants. Les croissants ? Mais attends, il est quelle heure ? Ah oui. 5 heures. Fait faim. Je bascule en cuisine, rallume le gaz, casse quelques œufs, les fouette, balance un bon morceau de beurre dans la poêle chaude, ça frémit, je verse les œufs, remue, ajoute la crème, remue encore, sel, poivre, persil frais. On adore. De l'autre côté, ils mettent la table. Une belle tranche de Comté 24 mois, du beurre demi-sel, un gros morceau de pain frais, une jolie quille, les copains. Tout ce qu'on aime.

10 min
Pour 4 personnes

4 tranches de pain frais
12 œufs fermiers
1 bouquet de persil frais
4 morceaux de Comté 24 mois
100 ml de crème liquide
100 g de beurre demi-sel
Sel et poivre du moulin

Cassez les œufs dans un bol. Assaisonnez de sel, de poivre et de persil ciselé, puis fouettez. Dans une poêle chaude, faites fondre le beurre, versez les œufs et remuez sans cesse. Quand les œufs commencent à coaguler, retirez du feu et versez la crème pour arrêter la cuisson tout en continuant de mélanger.

Servez dans des assiettes creuses, chaudes de préférence. Dégustez avec du pain toasté, tartiné de beurre demi-sel et surtout du Comté 24 mois. Libre à vous de varier l'accompagnement : nature, champignons, lard, pain frais ou toasté au four… Lâchez-vous !

Penne boulettes et burrata

Marc Cordonnier   Gare au Gorille, Paris

1:45 - samedi matin, dernier verre englouti avec l'équipe au restaurant. Il est temps de rentrer à la maison, une fringale se fait sentir. 1:55 - dans la chambre froide à la recherche de victuailles, je tombe sur un reste de repas du personnel, des boulettes d'échine de porc à la sauce tomate et une demi-burrata non vendue ce soir-là. J'embarque le tout dans mon sac à dos sans oublier d'ajouter quelques feuilles de menthe et de coriandre. 2:20 - à peine arrivé chez moi, premier réflexe, mettre l'eau à bouillir pendant que je prends ma douche. 2:33 - je sors de la douche, l'eau bout, je balance les penne. 2:40 - j'égoutte les pâtes, j'ajoute les boulettes et je lie le tout en quelques secondes. 2:42 - je verse dans une assiette creuse les pâtes et dépose la burrata, les herbes et deux belles pincées de piment fumé en poudre. 2:43 - je me régale.

20 min
Pour 2 personnes

200 g de penne rigate
200 ml de sauce tomate
4 pincées de piment fumé en poudre
1 burrata
Huile d'olive

Boulettes
140 g d'échine de porc
100 g de lard
6 branches de coriandre
6 feuilles de menthe
10 g de graines de coriandre
2 pincées de cumin
Sel et poivre du moulin

Faites bouillir de l'eau salée. Faites cuire les penne al dente.

Pendant ce temps, passez tous les ingrédients des boulettes au hachoir, en gardant quelques feuilles de menthe et de coriandre pour le dressage. Confectionnez les boulettes à la main et déposez-les sur une assiette. Faites-les cuire dans une poêle huilée à feu moyen jusqu'à ce qu'elles soient saisies de chaque côté, puis ajoutez la sauce tomate et laissez mijoter 10 min. Assaisonnez.

Égouttez les pâtes et mélangez-les dans la poêle. Dans une assiette creuse, versez les pâtes puis déposez la burrata au centre. Ajoutez les herbes et le piment fumé. Régalez-vous.

Croque-monsieur

Laurent Favre-Mot   Rustic is the New Chic, Dinan

Pour tenter d'éponger les excès de la veille, je me prépare un croque-monsieur accompagné d'une coupe de champagne frappé pour combattre le mal par le mal. Quoi de mieux que des bulles pour digérer ? L'idée m'est venue après un concert de Massive Attack à la Villette. J'étais parti seul pour profiter du moment, juste un aller-retour à Paris pour les voir en live, quand soudain je rencontre une copine dont je tairai le nom, et là tout est allé très vite... On a bu quelques bières sur place et terminé à 6 heures du matin à Pigalle... Alors, pris par une grande faim et un besoin d'éponger les excès, les viennoiseries ne nous disaient rien. Après un bref coup d'œil dans son réfrigérateur, l'idée d'un croque-monsieur bien cochon m'est apparue comme une évidence...

20 min
Pour 1 personne

2 tranches de pain de campagne
2 belles tranches de jambon à l'os
Moutarde à l'ancienne
2 tranches de vieux cheddar
1 noix de beurre

Composez le croque-monsieur. Tartinez les tranches de pain avec de la moutarde à l'ancienne. Sur l'un des deux côtés badigeonnés, superposez les tranches de jambon et de vieux cheddar en dosant généreusement pour un croque-monsieur encore plus gourmand. Refermez avec l'autre tranche de pain.

Faites dorer le croque-monsieur à la poêle avec du beurre pendant 5 min puis sous une cloche pendant 10 min pour que le fromage fonde sans que le pain ne brûle.

Les petits farcis de ma grand-mère

Christopher Hache   Maison Hache, Eygalières

J'ai toujours eu l'habitude de passer chaque été des moments en famille, et notre point de rendez-vous était systématiquement chez ma grand-mère. Une grande cuisinière et saucière hors pair. Début d'été, je prends la route au milieu de la nuit direction le Var pour arriver à l'heure du déjeuner. Une fois dans la région varoise, une odeur de garrigue m'accompagne jusqu'à l'arrivée à destination.

Imaginez en sortant de la voiture le mélange de la garrigue et de la gourmandise des petits farcis de ma grand-mère. Car oui, à chacune de mes arrivées, je pouvais être sûr qu'elle m'avait préparé son plat préféré, des petits farcis tout juste sortis du four et gratinés à souhait ! C'est pour cela que je prends plaisir à faire cette recette à chaque fois que j'ai besoin de réconfort...

1 h 10 min
Pour 4 personnes

300 g de chair à saucisse
4 petites tomates rondes
2 aubergines
2 petites courgettes rondes jaunes
2 petites courgettes rondes vertes
2 grosses courgettes longues jaunes
2 grosses courgettes longues vertes
1 gousse d'ail
4 oignons blancs
¼ de bouquet de persil plat
1 cuil. à soupe de pignons
150 ml de bouillon de volaille

+ d'ingrédients page suivante

Lavez les courgettes rondes, coupez-les au tiers de leur hauteur et évidez-les à l'aide d'une petite cuillère. Salez et poivrez l'intérieur ainsi que les chapeaux, puis retournez-les sur une grille afin de leur faire rendre leur eau. Vous pouvez les ébouillanter pendant 2 min afin de préserver leur couleur.

Lavez les aubergines et les tomates, taillez-les en deux, puis videz-les. Salez et poivrez l'intérieur. Hachez la chair des aubergines et des tomates. Réservez au frais.

Lavez les grosses courgettes. Hachez-les sans les peler. Épluchez et ciselez les oignons. Chauffez 2 cuil. à soupe d'huile d'olive dans une sauteuse, jetez les oignons et remuez sans cesse pour les cuire sans coloration. Ajoutez presque aussitôt les courgettes hachées, salez et poivrez. Poêlez le tout sur feu vif. Ajoutez la chair des tomates et des aubergines. Faites refroidir rapidement (idéalement sur un lit de glace) pour que ce mélange conserve sa couleur.

Suite →

1 cuil. à soupe de ricotta
1 cuil. à soupe de parmesan
4 cuil. à soupe d'huile d'olive
Sel et poivre du moulin
Coulis de tomates *(facultatif)*

Préchauffez le four à 190°C. Faites griller les pignons au four ou à la poêle pendant 2 min. Hachez-les au couteau, puis mélangez-les avec la chair à saucisse et le hachis de légumes. Incorporez alors la ricotta, le parmesan, le persil ciselé et l'ail haché.

Remplissez les courgettes évidées avec cette farce. Disposez-les dans un plat à four et ajoutez sur chacune d'elles un filet d'huile d'olive. Versez un peu de bouillon au fond du plat et enfournez pour 40 min en arrosant souvent. Disposez les courgettes farcies sur une assiette, nappez-les de jus de cuisson et d'un filet d'huile d'olive.

Un conseil : ces petits farcis peuvent être servis avec un coulis de tomates, et il est également possible de farcir de la même manière des fleurs de courgette... lorsque c'est la saison bien sûr !

Beef BBQ roll

Moïse Sfez   Homer Lobster, Paris

Je voulais trouver une alternative entre le pulled pork texan et le bœuf bourguignon français. J'ai commencé mes premiers tests un samedi, en cuisant le bœuf toute la journée. Le soir même, j'étais à l'anniversaire d'un de mes meilleurs amis et à 6 heures du matin, on a décidé de repasser au restaurant grignoter un bout. Entre temps, j'avais complètement oublié que j'avais ça au réfrigérateur. Un coup au bain-marie puis directement dans le pain brioché, c'était une tuerie ! Depuis, à chaque fois que je mange ce sandwich, cela me rappelle ce moment, et ce sentiment unique, entre la fatigue et la résurrection... Je sers désormais ce sandwich tous les week-ends chez Homer, pour soigner les gueules de bois compliquées.

7 h 50 min
Pour personnes

Pain brioché
750 g de viande de bœuf
1 oignon nouveau

Sauce BBQ
10 g d'ail en poudre
50 g de sucre
100 ml de vinaigre de vin
50 ml de Worcester sauce
350 g de ketchup
½ cuil. à soupe de moutarde
Sel et poivre du moulin

Coleslaw
2 carottes
½ chou blanc
Le zeste d'½ citron vert
1 cuil. à soupe de miel
2 cuil. à soupe de vinaigre de vin
1 cuil. à café de moutarde
2 cuil. à soupe de mayonnaise
2 yaourts

Préparez la marinade la veille. Mélangez tous les ingrédients de la sauce BBQ, assaisonnez. Faites cuire à feu doux dans une grande casserole. Portez à ébullition puis placez la viande de bœuf (de préférence collier ou basse côte) au centre de la casserole et arrosez de sauce. Laissez mijoter à feu très doux pendant 5 h 30 min. Déposez la viande sur une planche et effilochez-la à l'aide de deux fourchettes. Remettez la viande dans la casserole et continuez la cuisson à feu doux encore 2 h. Réservez la viande dans une boîte hermétique au réfrigérateur.

Le jour J, réchauffez la viande au bain-marie. Préparez le coleslaw minute. Épluchez les carottes et coupez-les en julienne. Tranchez le chou. Mélangez tous les ingrédients du coleslaw au dernier moment pour qu'il soit bien croquant.

Toastez la brioche avec du beurre dans une poêle pour un résultat croustillant à l'extérieur et fondant à l'intérieur. Dressez chaque sandwich avec 150 g de viande et un peu de coleslaw. Ciselez finement l'oignon nouveau pour décorer chaque sandwich avant de les déguster !

Nouilles sautées aux légumes et au bœuf

Le Cheng

Trois Fois Plus de Piment, Paris

C'était un lendemain de soirée, il n'y avait qu'un beau morceau de bœuf, une carotte, un poireau et des champignons shiitake dans le réfrigérateur. J'ai utilisé tout ce que j'ai pu trouver pour faire des nouilles sautées aux légumes et au bœuf ! Je commence par cuire les nouilles puis je fais sauter tous les ingrédients, j'ajoute la sauce à la fin et je mélange tout dans le wok. Ce feu d'artifice d'ingrédients savoureux fut un vrai bonheur gustatif... Un goût inoubliable.

30 min *15 min*
Pour 1 personne

160 g de nouilles
90 g de bœuf
30 g de poireaux
20 g de poivrons rouges et verts
15 g de carottes
40 g de champignons shiitake
2 g d'ail
25 g d'échalotes
10 g de gingembre
2 ml de sauce soja
5 g de pâte miso
Huile

Marinade
4 g de fécule de maïs
5 g de gingembre
1 pincée de sucre
5 ml de sauce soja
4 ml de nuoc-mâm
7 ml d'eau
1 ml de vin
3 ml d'huile
1 pincée de poivre blanc

Dans un saladier, mélangez les ingrédients de la marinade en râpant le gingembre, et ajoutez le bœuf coupé finement. Recouvrez d'un film plastique et réservez pendant 15 min.

Pendant ce temps, préparez les légumes. Émincez finement les champignons, l'ail, les échalotes et les poireaux. Coupez les poivrons en lamelles et les carottes en rondelles. Râpez le reste du gingembre.

Faites cuire les nouilles en suivant les indications sur le paquet, égouttez-les et réservez.

Faites chauffer un fond d'huile dans un wok avec le gingembre et les champignons shiitake. Ajoutez ensuite le bœuf avec sa marinade et laissez cuire environ 3 min. Terminez par les autres légumes, la sauce soja et la pâte miso puis poursuivez la cuisson pendant 5 min, en remuant bien. Ajoutez enfin les nouilles dans le wok, mélangez et servez bien chaud.

Smash burger

Simon Lewis — Los Angeles

En grandissant en Californie, j'allais chez In-N-Out pour différentes occasions : un rendez-vous avec une fille, un déjeuner avec des potes, ou un encas après une cuite. Loin des nouveaux burgers à la mode, mon préféré est le smash burger. C'est une ode à la simplicité : pain brioché, steak haché croustillant, fromage américain, cornichons, oignons, laitue, ketchup, moutarde. Mon meilleur ami me tuerait d'avoir dit de mettre de la laitue... Si j'ai les ingrédients à portée de main, ce qui est généralement le cas, il me faut environ dix minutes pour en concocter un. C'est la première étape pour se remettre d'une cuite... même des soirées les plus arrosées !

15 min
Pour 2 personnes

2 pains briochés
250 g de bœuf haché
1 cornichon à la russe
¼ de laitue iceberg
½ oignon blanc
Ketchup
Moutarde américaine
2 tranches de fromage américain
Huile de tournesol
Sel et poivre du moulin
Mayonnaise *(facultatif)*

Formez deux boules avec le bœuf haché. Frottez une serviette imbibée d'huile de tournesol sur le fond d'une poêle en fonte, et sur le dos d'une petite casserole. Chauffez la poêle à feu vif et placez le bœuf haché au centre. Écrasez-le avec le dos de la casserole pour obtenir une épaisseur de 1 cm. Salez et poivrez. Après environ 2 min, retournez le steak. Répétez l'opération pour le second steak.

Déposez une tranche de fromage sur le steak et poursuivez la cuisson jusqu'à ce qu'il soit cuit et que le fromage ait fondu. S'il y a suffisamment de place dans la poêle, grillez les brioches simultanément.

Découpez six tranches de cornichon, tranchez grossièrement l'oignon dans le sens de la largeur et coupez la laitue en chiffonnade. Déposez les steaks sur les pains briochés du dessous, empilez les cornichons, l'oignon et la laitue. Étalez les sauces sur les pains briochés du dessus, et écrasez le tout.

Un conseil : pour la vraie expérience californienne, mangez-le à l'envers !

Gratin dauphinois

Delphine Plisson — Le Petit Plisson, Paris

Lorsque ma fille Françoise est née, il faisait un froid polaire dans Paris. Quand on a quitté la maternité, rues enneigées, ciel bas, on a roulé à deux à l'heure pour rejoindre la maison, notre toute petite emmitouflée dans mes bras. J'étais obsédée par une envie de manger un truc super réconfortant, bien gras, bien chaud. À peine à la maison, les potes ont débarqué avec des paniers remplis d'oursins, une de mes grandes passions. Pas particulièrement gras ni chauds les oursins, mais j'étais très heureuse de cette surprise ! Mes amis avaient aussi prévu à boire - il y avait davantage à boire qu'à manger en fait, c'est le problème avec les oursins. N'ayant ni bu ni mangé d'oursins depuis neuf mois, je me suis jetée sur ce festin comme un seul homme. J'ai de vagues souvenirs d'avoir réclamé un plat gras et chaud, mais personne n'a semblé partager ce beau projet de vie avec moi. Il s'avère que j'ai été parfaitement grise en moins d'une heure. Manque d'entraînement de ces derniers mois, clairement. Je passe les détails mais je me suis quand même couchée assez tôt. Je me suis donc levée de bonne heure, et quand tout le monde s'est réveillé, je venais de terminer de préparer un énorme plat de gratin dauphinois. Le gras, le chaud et le plaisir ont fait disparaître ma gueule de bois... Ça tombait bien, j'avais un bébé à gérer ! Moralité : buvez tant que vous voulez mais ayez toujours des patates, de l'ail et du beurre pas trop loin.

1h
Pour 6 personnes

1,5 kg de pommes de terre Mona Lisa
2 gousses d'ail
2 cuil. à soupe de moutarde
1 l de lait entier
300 ml de crème liquide
1 noix de beurre
Sel et poivre du moulin
Comté *(facultatif)*

Épluchez et tranchez les pommes de terre assez finement. Attention, ne les lavez pas après la découpe ! Faites bouillir le lait entier avec les gousses d'ail préalablement émincées, assaisonnez de sel et de poivre. Plongez-y les pommes de terre pour les cuire pendant 20 min. Il ne faut pas qu'elles soient trop cuites.

Beurrez un plat à gratin et préchauffez le four à 180°C. Disposez les pommes de terre dans le plat et ajoutez la crème préalablement mélangée avec la moutarde et du poivre. Enfournez pendant 35 min environ, les pommes de terre doivent rester un peu fermes. Pendant ce temps, buvez un café pour vous remettre de la veille. Râpez du Comté dessus pour un gratin encore plus gourmand !

Cookies aux deux chocolats et noix de pécan

Nicolas Paciello   Fouquet's, Paris

Quand j'étais chef pâtissier à La Réserve, j'ai fait une soirée de dingue avec mon équipe après le service. On a commencé au restaurant de Pierre Sang Boyer, puis dans un bar sur les Champs-Élysées, et on a fini chez moi. On avait tellement faim que j'ai improvisé cette recette. Je cherche dans mon réfrigérateur, dans mes placards - pas grand-chose à manger... Pour épater la galerie, je me lance dans une recette sucrée. Je prends les ingrédients qui me tombent sous la main et décide de faire des cookies. Je réunis mes ingrédients et hop c'est parti pour la recette ! Sur mon plan de travail, j'avais plusieurs bocaux d'ingrédients. Ma chienne Oracle, une jeune beagle, grimpe sur le plan de travail et renverse un bocal avec des noix de pécan : l'idée venait de naître ! Ce seront des cookies aux noix de pécan ! Je hache les noix et les ajoute à ma pâte à cookies. C'est grâce à cet incident et à Oracle que mes cookies aux deux chocolats et noix de pécan qui déchirent ont vu le jour ! Depuis cette date, ils font partie de mes recettes signatures.

25 min   15 min
Pour 24 cookies

215 g de farine
2 cuil. à café de levure chimique
1 œuf à température ambiante
115 g de noix de pécan
170 g de cassonade
190 g de chocolat noir corsé 70%
115 g de chocolat au lait
135 g de beurre mou
Fleur de sel
Caramel *(facultatif)*

Mélangez bien la farine et la levure. Hachez grossièrement les deux chocolats et les noix de pécan.

Dans un saladier, malaxez le beurre, la cassonade et une belle pincée de fleur de sel. Ajoutez l'œuf. Versez en pluie fine le mélange farine-levure. Une fois que vous obtenez une pâte homogène, incorporez les chocolats et les noix de pécan. Mélangez bien le tout !

Formez à la main des boules de 40 g, puis aplatissez-les pour obtenir environ 1,5 cm d'épaisseur en prenant soin d'avoir des bords bien droits. Laissez reposer les cookies au réfrigérateur au moins 15 min pour que les matières grasses refroidissent. En enfournant un cookie bien froid, il se déformera moins à la cuisson.

Préchauffez le four à 220°C.

Suite →

Placez les cookies sur une plaque de cuisson recouverte de papier sulfurisé. Enfournez puis baissez la température du four à 190°C. Au bout de 6 min, faites pivoter la plaque et laissez cuire 6 min supplémentaires.

Les cookies sont bien cuits quand une belle couronne dorée se forme sur les bords. Dégustez-les encore tièdes, éventuellement recouverts d'un filet de caramel !

Pink smoothie bowl de la muerte

Angèle Ferreux-Maeght   La Guinguette d'Angèle, Paris

Je ne bois pas du tout, mais je danse toute la nuit et je suis entourée de pochtrons ! C'est en mettant en application mes connaissances de naturopathe que j'ai créé le remède le plus adapté aux lendemains de cuite... Une recette super nutritive avec un indice glycémique très bas. Non seulement elle a le pouvoir de remplacer un petit déjeuner et un déjeuner, elle évite aussi les fringales de sucreries. C'est la recette parfaite contre la gueule de bois car chaque ingrédient joue un rôle précis dans le rétablissement du corps. Par ailleurs, il est aussi bon de prendre une douche, faire une petite balade dehors pour respirer profondément (et faire un truc de sa journée), déposer dans le creux de sa main quelques gouttes de menthe poivrée pour l'appliquer sur les tempes contre le mal de tête, et se mettre une bouillotte chaude sur le foie pour l'aider à se régénérer : il en a besoin...

10 min
Pour 1 personne

1 verre d'eau de coco
½ betterave cuite
1 avocat bien mûr
1 banane
1 jus de citron
1 petit morceau de gingembre
1 cuil. à soupe de miel

Râpez le gingembre et mixez tous les ingrédients jusqu'à obtention d'une consistance crémeuse. L'eau de coco contient de nombreux minéraux : calcium, potassium, sodium, magnésium... idéal si vous avez beaucoup transpiré ! La betterave est un véritable allié des rois du dance floor, car elle contient du nitrate que le corps utilisera pour la circulation et la récupération musculaire. La banane, en plus d'être antitroubles digestifs et antinausée, contient du tryptophane : un précurseur de la sérotonine, l'hormone du bonheur, pour éviter le coup de blues après la grosse soirée. Le citron draine le foie, le gingembre est anti nauséeux, et le miel calme la gorge si on a trop chanté...

Versez dans un bol. Décorez éventuellement avec des superfoods tel que de la spiruline, des baies de goji et des tranches de fruits frais, qui permettent de booster l'organisme. Dégustez avec joie et bonne humeur !

Retour de Normandie

François Daubinet — Fauchon, Paris

Lors d'un week-end en Normandie avec des amis, nous avons visité des vergers et j'ai découvert la fabrication de cidre et de calvados. Deux jours bien arrosés, of course ! Pendant le week-end, mes potes m'ont lancé un défi : faire un dessert pas trop compliqué pour le déjeuner du dimanche... On guérit le mal par le mal, n'est-ce pas ? Je me suis donc lancé dans la réalisation de tartes normandes flambées au calvados, mais à l'assiette ! Le dessert était accompagné de petites tuiles aux amandes pour rester dans le thème.

1 h
Pour 6 personnes

Pommes assaisonnées
8 pommes bio
(*variété de Normandie*)
60 g de cassonade
1 cuil. à café de cannelle en poudre

Appareil à tarte normande
3 œufs bio
50 g de poudre d'amandes
80 g de sucre rapadura
1 gousse de vanille de Madagascar
50 ml de calvados
300 ml de crème liquide 35%

Tuile aux amandes
22 g de farine T55
1 blanc d'œuf bio
70 g d'amandes effilées
45 g de sucre rapadura
11 g de beurre

Lavez, épluchez, puis taillez les pommes en cubes de 1 cm. Dans un saladier, mélangez-les avec la cassonade et la cannelle. Répartissez l'ensemble au centre d'assiettes creuses allant au four.

Dans un saladier, mélangez tous les ingrédients de l'appareil à tarte normande ainsi que la gousse de vanille fendue et grattée. Homogénéisez afin d'obtenir un appareil lisse. Coulez cet appareil à l'aide d'un entonnoir à piston sur les pommes pour les couvrir entièrement. Faites cuire les assiettes creuses durant 25 min à 170°C dans un four ventilé, puis réservez à température ambiante.

Pour préparer la tuile aux amandes effilées, commencez par faire fondre le beurre. À l'aide d'une spatule, mélangez le sucre, la farine, les amandes, les blancs d'œufs et enfin le beurre fondu. Étalez cette masse sur une plaque recouverte d'un tapis de cuisson en silicone et faites cuire 4 min à 160°C. Sortez du four, détaillez des disques de 6 cm de diamètre à l'aide d'un emporte-pièce rond et remettez en cuisson pour 6 min supplémentaires.

Dressez les tuiles aux amandes sur les assiettes creuses. Au dernier moment, flambez les assiettes avec une petite quantité supplémentaire de calvados.

Un conseil : ce dessert sera encore meilleur si les ingrédients sont sourcés localement !

SAVOIE

Fruits du réconfort au four

Gontran Cherrier — Gontran Cherrier, Paris

C'était à Singapour il y a quelques temps, nous avions une dégustation de vin et de champagne pour les ajouter à notre carte. Comme les Singapouriens qui étaient avec nous n'aimaient pas le vin, nous avons goûté neuf vins et trois champagnes à deux, avec un stagiaire français. En rentrant à l'hôtel en face de la boulangerie, nous sommes allés dîner - et le patron, que je connaissais bien, était en dégustation de whisky... Le lendemain matin, j'avais une commande de croissants et j'étais en charge de la cuisson avec seulement deux heures de sommeil, devant le four boulanger sans climatisation. C'était un cauchemar ! Mais ça m'a donné l'idée de préparer ce plat de fruits cuits au four. Depuis, ce dessert est synonyme de réconfort, et le stagiaire est toujours là : il est même devenu associé.

45 min
Pour 4 personnes

Biscuits sablés
2 coings
1 pomme Pink Lady
2 clémentines
4 dattes Medjool
1 cuil. à soupe de sucre muscovado
250 ml de jus d'orange
Glace vanille *(à volonté)*

Préchauffez le four à 180°C.

Épluchez les coings et lavez la pomme. Coupez-les en quartiers et enlevez les trognons. Mettez les fruits coupés dans un saladier et râpez le zeste des clémentines. Épluchez-les, coupez-les en deux et ajoutez-les dans le saladier. Ajoutez les dattes dénoyautées et coupées en deux, saupoudrez de sucre et mélangez bien.

Disposez le tout dans un petit plat de cuisson. Versez la moitié du jus d'orange et enfournez pendant 20 min. Mélangez et rajoutez le reste du jus d'orange puis laissez cuire 15 min supplémentaires jusqu'à ce que les coings soient tendres. Laissez tiédir et servez avec la glace vanille et des sablés.

Pancakes au caramel

Cathy Closier · Season, Paris

Ce matin-là, je me suis réveillée avec une faim de loup… Je suis donc allée voir Oliver, mon chef, en cuisine. Je lui ai demandé de me faire quelque chose qui n'était pas sur la carte car j'en avais marre de manger tout le temps la même chose. C'est à ce moment qu'il m'a fait les pancakes au caramel, c'était tellement bon que j'ai fini la sauce à la petite cuillère directement dans la casserole et j'ai décidé de les mettre à la carte ! C'est une super recette pour assouvir les grosses faims.

45 min
Pour 8 personnes

Pâte à pancakes
700 g de farine
50 g de levure
7 œufs
1 l de lait
Huile

Caramel
4 g de noix de coco râpée
4 g d'amandes
14 g de purée d'amandes
100 g de sucre
60 ml d'eau
300 ml de crème liquide

Dressage
4 bananes
20 g de noix de pécan
20 g d'amandes

Mélangez les ingrédients de la pâte à pancakes à l'aide d'un mixeur. Avec un pinceau, graissez d'huile une poêle antiadhésive et deux emporte-pièces de 10 cm de diamètre. Placez les emporte-pièces sur la poêle et laissez préchauffer à feu doux pendant 2 min. Déposez la pâte dans les emporte-pièces. Laissez cuire 2 min de chaque côté en retirant les emporte-pièces lorsque la première face est cuite. Répétez l'opération pour tous les pancakes.

Préparez le caramel en commençant par hacher les amandes. Dans une casserole, versez le sucre et l'eau. Faites cuire à feu vif jusqu'à obtention d'un caramel foncé. Ajoutez lentement la crème liquide, puis petit à petit la purée d'amandes, la noix de coco et les amandes hachées.

Dans des petites assiettes, versez le caramel et empilez les pancakes. Coupez les bananes en fines lamelles et placez-les sur les pancakes. Décorez avec des noix de pécan et saupoudrez d'amandes hachées.

Tarte du lendemain

Philippe Conticini   Maison Philippe Conticini, Paris

J'ai fait cette recette pour un ami qui avait un peu abusé le soir du nouvel an… C'est une recette réconfort parfaite pour se remettre d'aplomb le 1er janvier au matin, ou n'importe quel autre jour de l'année.

2 h 4 h
Pour 1 personne

Pâte sucrée
250 g de farine
1 œuf
1 citron vert
30 g de poudre de noisettes brutes
120 g de sucre glace
125 g de beurre
1 pincée de fleur de sel

Crème coco-noisette
6 g de poudre de noisettes brutes
4 g de sucre glace
1 goutte d'arôme coco grillé
5 ml de lait de coco
6 g de beurre

Coings pochés
70 g de coings
1 anis étoilé
1 cm de bâton de cannelle
87 g de sucre semoule
125 ml d'eau

+ d'ingrédients page suivante

Commencez par préparer la pâte sucrée. Pétrissez, à vitesse lente, le beurre pommade à l'aide d'un batteur plat, puis incorporez petit à petit le sucre glace en continuant de battre. Ajoutez ensuite la poudre de noisettes et le zeste du citron vert. Mélangez à nouveau, en veillant à racler les parois du bol avec une spatule pour bien ramener la pâte vers le centre de la cuve. Ajoutez alors l'œuf puis la farine et la fleur de sel. Le mélange doit se faire en deux fois et très rapidement. Terminez en pétrissant la pâte en trois ou quatre ultimes mouvements. Ramenez l'ensemble de la pâte avec un ustensile. En vous farinant les mains, décollez la pâte petit à petit et formez une boule. Couvrez le bol avec du film alimentaire, puis mettez-le au réfrigérateur pendant 4 h afin que tous les arômes se développent, le mieux étant de la faire la veille.

Préparez la crème coco-noisette. Dans un bol, mélangez au fouet le beurre pommade avec le sucre glace. Ajoutez la poudre de noisettes, puis la crème de coco et l'arôme coco grillé.

Effectuez le sirop de pochage des coings. Dans une casserole, portez à ébullition l'eau, le sucre semoule, l'anis étoilé et le bâton de cannelle. Ajoutez les coings taillés en cubes de 1 cm² puis couvrez la casserole pour les pocher à feu doux jusqu'à ce qu'ils soient fondants.

Épluchez et coupez les pommes et les poires en morceaux en retirant le trognon. Placez-les dans une casserole avec un fond d'eau, couvrez et faites compoter à feu moyen pendant 7 min. Enlevez le couvercle, ajoutez 40 g de coings pochés, puis faites chauffer pour laisser s'évaporer toute l'eau en remuant constamment. Ajoutez le jus de citron vert et une pincée de fleur de sel.

Suite →

Compote pommes-poires-coings
40 g de pommes
40 g de poires
1 cuil. à café de jus de citron vert
1 pincée de fleur de sel

Chantilly coco grillé
3 g de poudre de dattes
2 gouttes d'arôme coco grillé
3 g de sucre semoule
40 ml de crème liquide
6 g de mascarpone

Finitions
1 cuil. à café de miel
Quelques éclats de caramel

Pour préparer la chantilly coco grillé, réfrigérez au préalable un saladier et la crème liquide. Montez une chantilly souple en fouettant tous les ingrédients dans le saladier froid à l'aide d'un batteur à vitesse rapide. Réservez au frais.

Étalez la pâte dans un moule à tarte de 3 mm d'épaisseur et 7 cm de diamètre. Dans le fond de la tarte, étalez la crème coco-noisette, puis parsemez de 25 g de coings pochés. À l'aide d'un ustensile, réalisez un dôme avec la compotée pommes-poires-coings. Faites des quenelles de chantilly en vous servant de deux cuillères à soupe, et dressez en rosace sur le dôme de compotée.

Faites caraméliser les 5 g de coings pochés restants dans une poêle bien chaude avec 1 cuil. à café de miel. Laissez refroidir puis décorez la tarte avec ces cubes de coings caramélisés, et quelques éclats de caramel.

Smoothie vert

Frédérique Jules   Noglu, Paris

J'ai découvert le pouvoir miraculeux des jus un lendemain de soirée à New York. Cette ville pleine d'énergie offre des lieux de fête incroyables mais également un choix multiple de coffee shops healthy et de bars à jus. J'ai observé et copié les New-Yorkaises qui sont au top de leur forme, un jus de légumes à la main - entre le yoga, l'école et leur départ au travail. Je devais assurer une journée sur le chantier de Noglu, alors en plein travaux avant son ouverture imminente. Je voyage très souvent à New York mais toujours pour une courte durée. J'ai mis ma migraine effroyable et mes nausées sur le dos du décalage horaire... J'ai passé la journée à siroter des jus frais, rien d'autre, sans que cela ne choque personne. J'ai pu assurer tous les rendez-vous l'esprit clair et avec beaucoup d'énergie, sauvant ainsi la réputation de la Parisienne chic ! Depuis quelques années nous proposons quotidiennement des jus de fruits, légumes et superaliments. Ce smoothie vert antigueule de bois (et lendemain de grosse bouffe) est idéal pour détoxifier le foie et la tête !

5 min
Pour 1 personne

2 pommes vertes
2 petites branches de céleri
½ citron
1 petit morceau de gingembre
1 cuil. à soupe de graines de chia
½ cuil. à café de spiruline en poudre

Passez les pommes vertes (riches en eau et en vitamine C), les branches de céleri (anti-inflammatoire) et le gingembre (antinauséeux) à la centrifugeuse.

Versez le jus obtenu dans un blender. Ajoutez le jus du demi-citron (digestif et riche en vitamine C), les graines de chia (coupe-faim et riches en protéines et minéraux) et la spiruline en poudre (aide à la récupération et riche en micronutriments). Mixez le tout !

Dégustez au petit déjeuner ou en déjeuner détox.

Table des matières

Végé

Iodé

Carné

Sucré

Crédits

Édité et publié par Human Humans

Alexandra Matine
Noëlla Neffati
Simon Cachera
Victor Picon

Concept : Arnaud Jourdan, Noëlla Neffati & Simon Cachera
Auteur : Victoire Loup
Assistante éditoriale : Emma Guyot-Donahue
Photographe : Victor Picon
Assistants Photographe : Benjamin Roulet & François Bellabas
Producteurs : Noëlla Neffati & Simon Cachera
Illustrateur et Directeur Artistique : David Troquier
Maquettiste : Florie Parenthoux & Hortense Lauras
Retouches : Gourau & Phong
Styliste : Mégane Arderighi
Assistante Stylisme : Mathilde Raoult
Préparation et stylisme des plats : Numa Muller
Assistant en cuisine : Léo Devaux
Producteur Print : Bert van der Heijden - Producties
Imprimeur : Peter van Walstijn - Fossa Media
Relieur : Patrick Bakermans - Boekbinderij Brepols

Remerciements : Camille Fermand, Thomas Reiser, Gaël Chabanel et tous les chefs participants.

Un remerciement spécial à Arnaud Jourdan, chef présent dans cet ouvrage et ami d'enfance, à l'origine de cette idée il y a 10 ans. Merci de nous avoir suivis quand nous l'avons sortie des cartons et merci pour toute ton aide !